ガイドブックには載らない

# イタリア㊙旅行術

新装改訂版

知っていると10倍楽しめる

## 達人の知恵 60

三浦 陽一 著

JN222723

Mates-Publishing

# Contents

イタリア㊙旅行術 （新装改訂版）知っていると10倍楽しめる達人の知恵60

## 第1章✣日本の常識を一度忘れよう！

## 第2章✣計画準備

## 第3章✣ついに到着

## 第4章✣ホテルでの振る舞い

## 第5章✣食事

※基本データは 2025 年 1 月のものです

# はじめに　改訂版に際して

　2014年7月に発刊した「ガイドブックには載らない イタリア㊙旅行術 新装改訂版 知っていると10倍楽しめる達人の知恵60」初版は多くの方々のご支持をいただいて6刷まで版を重ね、2019年4月に改訂版を上梓しました。ところがその翌年、新型コロナウィルス禍が日本もイタリアも巻き込んで全世界で荒れ狂い、海外との往来がほとんど止まるという予想もしなかった事態が発生しました。

　筆者は2020年2月、ちょうどイタリア出張中でしたが、連日日本のクルーズ船でのコロナウィルス騒ぎを報じていた現地のテレビニュースが、イタリア国内でコロナウィルス患者が発見されたニュースに大騒ぎとなる瞬間に居合わせました。数日後に帰国しましたが、その後のイタリアでのパンデミックは日本を上回る規模となり、とてもイタリア旅行どころではなかった状況が3年近く続きました。

　2022年秋に政府が海外との往来を緩和する方針を打ち出し、訪日客が来るようになりましたが、この間に進んだ円安の影響もあって、海外旅行再開の機運はなかなか高まりませんでした。2023年以降海外からの訪日客が激増し、東京や京都はもちろん、日本各地で外国人と身近に接する機会が増えたこともあるのか、2024年に出国する日本人数は1,300万人となり、過去最大だった2019年の65%まで回復して来ました。この機会にこの間の変化を取り入れ本書を大幅改定することになった次第です。

　古い記録ですが2018年には103万人の日本人がイタリアを訪問しています。コロナ禍を経てもイタリアが魅力的な訪問先である事実に変わりなく、これからもますます多くの日本人がイタリアを訪問することと思います。本書が読者の皆様のイタリア旅行のお役に立つなら著者としてこれ以上の喜びはありません。

三浦陽一

※本書は2019年発行の『ガイドブックには載らない イタリア㊙旅行術 知っていると10倍楽しめる達人の知恵60 改訂版』の内容の確認と情報更新、必要な箇所の修正を行い、装丁を変更して発行したものです。

# 第1章

## 日本の常識を一度忘れよう!

## 1 イタリアでは家族と過ごす自分の休日が大切。営業時間のチェックを

### ● 休日を大切にするイタリア人

　イタリアに行って多くの旅行者がとまどうのは、休日に対する感覚の違いでしょうか。イタリア人にとって休日とは何よりも家族と過ごす大切な時間です。多くのイタリア人が自分の仕事に誇りを持ち、熱意を傾けているのですが、同時に自分たちの休日を大切にしているのもこれまた事実です。

　彼らにとって仕事に打ち込むことと、休日を大事にすることは全く矛盾しません。これは何の業界・業種であっても同じことで、日本では年中当たり前のように営業しているスーパーマーケットや小売店もイタリアでは日曜日や祝日は休みになるところが多かったのですが、最近では日曜日に営業するところも増えてきました。ただ日曜営業の場合、営業時間が短縮されている場合もありますし、美術館や博物館などにも必ず休日があるので、事前によくチェックした上で出かけましょう。

### ● 夏休みにご注意

　もう一つ、休日という点で注意をしなければいけないのは夏休みシーズン。イタリアでは伝統的に多くの企業が8月に2〜3週間完全に休業してしまいます。さすがにホテルや公共交通機関は営業していますが、レストランや小売店（それがブランド・ショップであっても）も閉店してしまうところが多々あります。薬局ですら多くのところが休業し、地区別に1軒だけ営業する担当の薬局名と住所が

新聞で公表されるくらいです。

　どういう偶然か、日本で旧盆の真っ最中にあたる８月15日はイタリアでもフェラゴスト（聖母昇天祭）という祝日で、イタリアの夏休みシーズンのへそにあたる日です。このお盆の期間にイタリアを旅行すると、行こうと思っていたレストランや美術館、お店が休みである可能性があります。

　それ以外にもクリスマスは日本で言えばお正月に当たり、家族そろって静かに過ごすのが習慣。お店やレストランの多くが休みになり、開いていても営業時間が短縮されますのでご注意ください。

昼休みで店員がいないお店には携帯電話番号が書かれたメモが掲げられていた

## 2 日本とイタリアの「待つ」ことに対する感覚の違い

### ● 時間の物差しは国によって様々

　イタリア人は時間にルーズだとか、平気で人を待たせるということではありません。時間の感覚は国によって様々ですが、ビジネスをしている限り時間の感覚は共通と言っていいでしょう。

　それでも、初めてイタリアに行ってとまどうことの一つが、「待つ」ことに対する感覚の違い。日本では待つことがないのにイタリアでは待たなければならない、という場面はしばしばあります。日本人とイタリア人では時間に対する物差しが違うと考えれば理解しやすいかも知れません。

### ● 待つことを楽しもう

　典型的なのは、レストランでの食事の場面。ちゃんとしたレストランで昼食や夕食を食べるとなれば、2時間は覚悟する必要があります。本来レストランというところは食事を楽しむだけではなく、料理を注文し食事が出てくるまでの時間もワインをたしなみながら同伴者との会話を楽しむ場所。さっさと食事を済ませて、さっさと帰りたい人にとってイタリアのレストランほど、不向きな場所はありません。

　例えば4人で入って3人の料理が出てきたのに、1人だけ出てこないというような場面なら別ですが、注文して10分やそこらで料理が出てこないと文句を言うのはイタリアではご法度。レストランは、きちんとした料理の手順

を踏んでいるので、そのあたりを理解して待つことを楽しみましょう。

　レストランはともかくとして、ホテルのチェックイン、美術館の入場券購入、ショッピングでのレジの精算など、イタリアでは待つ場面が多くあります。イライラせずに周りのイタリア人の様子を観察する余裕を持って待つことを楽しみに変えることが楽しみ方のヒケツです。

## 夏時間は要注意

　時間について注意しなければいけないのは、日本にはない夏時間です。これはイタリアを含む EU 全ての国で実施され、毎年 3 月最終日曜日から 10 月の最終日曜日まで時計を 1 時間進める制度です。EU の決議で 2021 年に廃止の方向でしたが、2024 年から 25 年にかけても引き続き実施されています。

　2025 年の予定は 3 月 30 日 ( 日 ) 午前 2 時が 3 時に切り替わって夏時間となり、10 月 26 日 ( 日 ) 午前 3 時が 2 時に戻り冬時間になります。夏時間から冬時間に戻るときはあまり問題がないのですが、冬時間から夏時間に移行する 3 月末は要注意です。夏時間移行初日の朝 8 時の列車に乗る人が、前日夜うっかり時計を進め忘れると、7 時 50 分に到着したはずなのに夏時間では 8 時 50 分で、列車はとっくに出発した後になりかねません。春休みに旅行を計画されている方はくれぐれもご注意を！

## 3 水はイタリア旅行の命綱

### ● 空気が乾燥、脱水症状にご注意

イタリアは南北に細長い国で、日本に似た四季があります
が、南イタリア（特にナポリから南）での夏の暑さは厳
しく、逆に北イタリア（ミラノ、ベネチアなど）の冬はか
なり冷え込みます。山岳部以外では極端な低温や大雪に見
舞われることはあまりなく、それほど心配はいらないので
すが、5月ごろから9月ごろまでは北部・中部でも気温が
40度くらいまで上がることがあり、日本と違い空気が乾
燥しているので脱水症状に注意しましょう。

### ● ミネラル・ウォーターは必需品

ツアーであれ個人旅行であれ、夏のローマやフィレン
ツェの史跡や観光スポット巡りでは、かなりの距離を日に
さらされながら石畳の道を歩くことになり、気付かないう
ちに脱水症状で熱中症になる危険性があります。ペットボ
トル入りのミネラル・ウォーターは必ず持ち歩くようにし
ましょう。ホテルには必ずミネラル・ウォーターがあります
すし（有料のことが多いですが）、街中を歩けばいたると
ころにあるバールやキオスクでミネラル・ウォーターは簡
単に手に入ります。

### ● 自動販売機があるのはごく限られたところだけ

ちなみに日本のような自動販売機があるのは、大都市の
主要駅や地下鉄駅などごく限られたところだけで、ミネラ
ル・ウォーターは通常、駅や街中の店で買うのが一般的。

その価格は千差万別です。ホテルが最も高いのは言うまでもありませんが、観光地のキオスクやバール、駅の売店、街中のスーパーの順に安くなり、倍以上の開きがあることも

イタリアの夏の太陽は強烈、水は必ず持ち歩こう

珍しくありません。ホテルの冷蔵庫に入っている 500 ミリリットルのボトルより、街中のスーパーで売っている 2 リットル・ボトルの方が安いこともあります。とは言え精々が数ユーロのことなので、水はイタリア旅行の命綱だと割り切って、いつも必ず持って歩くよう心がけましょう。ガス入りの水もあるので、普通の水をほしいときには「アクア・センツァ・ガス (acqua senza gas)」と頼みましょう。

知っ得情報

### イタリアでは水道の水は飲めるのか？

よくあるのが、イタリアでは水道の水は飲めるのかという質問です。

#### ●ホテル➡○（しかし、おいしくない）

都会や観光地のちゃんとしたホテルであれば水道水を飲んでも害はないはずですが、あまりおいしいものではありません（アルプスの麓のスキー場で飲んだ水が大変おいしかったという例外はありますが）。ただホテルなどはタンクから給水しており、その中がどうなっているかはわからないので、通常はミネラル・ウォーターを飲んだほうが無難です。

## 4 意外な盲点。公共のトイレがほとんどない

### 🔵 トイレを見つけたらすぐに入ろう

イタリアで日本の常識が通じない分野の一つはトイレ。どこのホテルやレストランにももちろんトイレはありますが、イタリアの町を歩くと公共のトイレがほとんどないことに驚かされます。

これはイタリアに限らず欧州各国ほぼどこでも共通する事情なのですが、日本人旅行者にとって意外な盲点でもあります。

夏場にしっかり水分をとったり、冬の底冷えする寒さに尿意を催すのは当然のこと。まして慣れない気候の中でトイレを心配して水分補給を我慢するのも危険です。日本であれば駅や公園、あるいは近くのコンビニに駆け込めば必ずあるトイレが、イタリアでは探すのが大変なのです。ホテルを出発する前には必ず用をすませておく、昼からビールを飲み過ぎるなどの行動は避けるなどの予防策を取っておくことが必要です。

### 🔵 街中のトイレスポット

そこで、覚えておきたいのがトイレの見つけ方。美術館や博物館などの観光スポットには必ず出入り口にトイレがあるので、チャンスがあれば使っておきましょう。大きな駅にも必ずトイレはありますが、安全上の理由か係員がいて有料のところがほとんどです。数十セントから 1 ユーロを支払うことになりますが、背に腹は代えられません。

街中でどうしても、行きたくなったときにはどうするか。

ミラノやフィレンツェには町の中心部にリナシェンテという百貨店があって、ここには全館でわずか1か所だけですがトイレがあります。知っている人が多いせいか、特に女性用はいつ行っても長蛇の列です。

　ほかの場所での最後の頼みの綱は、あちちにあるバールです。必死の形相で意思を通じさせれば使わせてくれるはずですが、タダでトイレを使わせてもらうわけにもいかないので、お礼替わりにコーヒーを頼んでついでにトイレという形をとることになるでしょうか。バールによってはなぜか便座を外してあるトイレもあるので要注意。長い一日を終えて、ホテルに帰ると身近にあるトイレのありがたさがつくづく身にしみることでしょう。

### えっ、イタリアで和式トイレ？

ちょっと一言 Dati tagilenti

　イタリアのあちちで時たま見かけるのが、いわゆる洋式ではない「トルコ式」と言われるトイレです。日本のようにしゃがんで用を足すスタイルですが、しゃがむ向きがなぜか入り口のドアを向くように足型がついています。これを初めて発見したときには大変驚いたものですが、イタリアだけでなくフランスの地中海沿岸部などにも分布しているそうです。ミラノのレストランなどでもお目にかかったことがあるので、もしかしたらお目にかかる人があるかも知れません。

# イタリアにはコンビニがない

　日本では全国津々浦々にコンビニエンス・ストアがあり、コンビニのない生活は考えられなくなっています。何かちょっと足りないものがあれば、一年 365 日、一日 24 時間営業しているコンビニは便利な存在ですが、イタリアで同様のサービスを期待してはいけません。最近でこそ、大きな町には割合夜遅くまで営業している小さな食料品店や雑貨店（アジア系やアラブ系の店主が多い）が増えていますが、そこで買えるものは飲み物や菓子類などに限られます。日本のコンビニのようにビールやワインから下着、雑誌まで様々なものを取り扱っていて 1 か所ですべて用事が足せるような場所をイタリアで探すとなれば、郊外にある大型スーパーマーケットになり、日本人旅行者が通常立ち寄れない先です。

　ホテルについてホッと一息、ミネラル・ウォーターやソフト・ドリンク、ビールなどを飲みたいと思うときもあります。ホテルのバーで飲むという選択肢ももちろんありますが、部屋で気軽にくつろぎたいなら、買い出しは前に述べたような小さな雑貨店や食料品店に行くか、どこにでもあるバールで買うのが最も手軽です。

　どこのホテルでも、近所にちょっとしたバールはあるはずです。バールに入っていって「ボンジョルノ！」と一言声をかけ、店内の冷蔵ケースから水やコーラのボトルを取り出してお金を払います。もしも頭痛薬や日焼け止め、歯ブラシなどが必要な場合は薬局に行かなければなりませんが、英語が通じないことが多いので、ホテルであらかじめ必要なものをイタリア語でメモに書いてもらいましょう。日本では簡単に入手できるものでも、言葉の壁もあってイタリアでは探しても見つからないことは多々あります。次章でイタリア旅行に持っていくと便利なものについては説明しますが、改めて自分にとって最小限何が必要か見直してみましょう。

# 第2章

## 計画準備

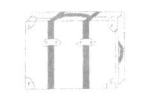

| 約12日間 |

**5**

興味と関心に応じた主要5都市の回り方

　ミラノ、ベネチア、フィレンツェ、ローマ、ナポリの主要5都市を回るお勧めプランをいくつか作ってみました。南北に長いイタリアを回るには、北のミラノかベネチアから入るか、南の交通の要所ローマから入るのが最も便利。

　ミラノとローマには日本から直行便が出ています。乗り継ぎ便でイタリア入りする場合には、便数の多いローマかミラノが便利ですが、欧州の主要空港乗り継ぎならナポリやフィレンツェ、ベネチアに直接入れます。各都市間は基本的に列車移動を想定しています。

## ＊主要文化遺産めぐり： 約12日間

　市街地ではかなりの距離を徒歩で歩きます。主要5都市以外に寄り道できる範囲のお勧めスポットを入れましたので、日程の制約がある場合は調整してください。

日本 ⇨ ローマ （バチカン、ローマ歴史地区）2日間➡（1時間）➡ ナポリ （ポンペイ、ナポリ歴史地区）2日間➡（3時間）➡ フィレンツェ （歴史地区）1日（⇔ピサ往復1日。片道1時間）➡（ボローニャ経由2時間）➡ ラベンナ （初期キリスト教建築物群）1日➡（ボローニャかフェラーラ経由3時間）➡ ベネチア （潟と市街）1日半➡（1時間強）➡ ベローナ （市街）半日➡（1時間半）➡ ミラノ （最後の晩餐）半日⇨ 日本

## ＊美術館巡り： 約1週間

　ミラノの2館以外はいずれも大規模で、じっくり見て回るにはそれぞれ半日以上かかります。

**日本** ⇨ **ミラノ**（ブレラ美術館、ポルディ・ポッツォーリ美術館）
➡ **ベネチア**（アカデミア美術館）➡ **フィレンツェ**（ウフィッツィ美術館、ピッティ宮殿）➡ **ローマ**（バチカン美術館、ボルゲーゼ美術館）
➡ **ナポリ**（カポディモンティ美術館）➡ **ローマ** ⇨ **日本**
（または **ナポリ** ➡欧州主要空港⇨ **日本**）

## ＊オペラ鑑賞巡り： 約1週間

　オペラのシーズンは冬。各地での公演予定が重複することも多く、この通りにすべての都市で鑑賞するのは至難の業ですが、劇場見学やコンサートも視野に入れてプランを作成してみました。

**日本** ⇨ **ローマ**（ローマ歌劇場）➡ **ナポリ**（サンカルロ劇場）➡ **ベネチア**（フェニーチェ劇場）➡ **ミラノ**（スカラ座）
⇨ **日本**

## ＊サッカー観戦： 約8日間（3試合観戦）

　サッカーのシーズンは毎年8月末から翌年の5月中旬まで。開催日はリーグ戦が土曜日、カップ戦が水曜日となっており、それぞれホームとアウェイで戦われるため、限られた期間で主要都市すべてでの観戦は難しく、ミラノとフィレンツェ、ナポリとローマなど観戦対象をいくつかに絞り込みましょう。

■主要都市のセリエA（一部リーグ）のチーム
（2024年-25年シーズン））

| 都市名 | チーム名 |
|---|---|
| ミラノ近郊 | アタランタ（ベルガモ）、コモ（コモ）、ACミラン、インテル |
| ベネチア | ベネチア |
| フィレンツェ | フィオレンティーナ |
| ローマ | ローマ、ラツィオ |
| ナポリ | ナポリ |

# 6 日本からイタリアへのフライトはどうやって選ぶ？

## ◉ 数少ない直行便はちょっと割高

日本からイタリアへの直行便は2025年1月時点ではイタリアのITA（旧アリタリア航空）が羽田空港からローマへ、全日空が羽田空港からミラノへ運航しています。コロナ禍前に比べると運航本数も減っており、航空運賃も乗継便に比べかなり高めに設定されることが多く、当然のことながら旅行シーズンには大変混雑します。

## ◉ 運行本数や運賃を考えて乗り継ぎ便を選択

乗継による時間のロスや荷物の到着遅れの可能性を考えれば直行便がベストなのですが、運賃や運航本数を考えると、イタリアへは乗り継ぎ便を使う可能性が高くなります。普通は欧州各地の経由便が多く、乗り継ぎの利便性（ターミナル間の移動や待ち時間、更に乗り継ぎ便の時間）を考えると、スイスのチューリヒ、ドイツのミュンヘン、オランダのアムステルダムあたりが使いやすいと思います。これらの空港からはミラノ、ローマなどだけでなく、フィレンツェやナポリなど日本人に人気の都市へも乗継便が出ています。

イタリアに行くから、必ずしもローマやミラノ乗り継ぎにする必要はありませんし、フィレンツェに入るのにローマ乗り継ぎとするとかえって不便になることもあるくらいなので、この辺あたりはよく研究してみましょう。

ウクライナ戦争が始まってから日欧の航空機はロシア上空を飛ばなくなったため、欧州への直行便は遠回りとなり、

時間がかかるようになりましたが、中国系の航空会社はロシア上空を飛んでいるので、北京や上海で乗り継ぐと意外にフライト時間は少なく済みます。　最近増えているのが、アラブ首長国連邦のドバイやアブダビ経由便。現地政府がかなり積極的な乗客誘致を図っており、途中降機もできるプランもあるそうなので、検討の価値はありそうです。

✳往復の便を決めるときはスケジュール、予算、それに体力的に無理がないかどうかをよく検討することが大切。

| 日本の出発時刻、現地の到着時刻も重要 |
| --- |
| 日本からイタリアへの直行便は午後発で、同日の夕方着か夜中発、翌日早朝着 |
| 途中乗り継ぎ便の場合は、所要時間をよくチェックする |

✳パッケージ・プランや比較サイトの場合、到着時刻が分かっていないと、自分の予定にうまく合わないこともあるので、予約確定の前に注意が必要。

| 航空会社のサイトから直接予約 |
| --- |
| 旅行代理店を利用 |
| ホテルとフライトのパッケージで予約 |
| 価格比較サイトを使う場合 |

# 7 航空便、ホテルの予約はどうするのがベスト？

## ● 予約の方法

　個人で海外旅行の航空便やホテルを手配するのは、ちょっと前まで旅行代理店に頼るしかありませんでしたが、現在ではインターネット上で非常に簡単に予約できるようになりました。大手の楽天やH.I.S.では往復の航空便とホテルを組み合わせたパッケージ旅行を用意していますし、各航空会社のサイトで割安の航空便を予約し、ホテル予約専用サイトでホテルを予約することもできます。自分の旅程と予算に合うプランをいくつか比較して予約されるのが良いでしょう。もちろん、自分で予約するのは不安という人は旅行代理店で相談すれば、相手はプロですから希望に応じた予約手配をしてくれます。なお、ホテルについてはあまりにグレードが低いところは盗難や犯罪の危険があるので避けたほうが良いでしょう（**目安としては3つ星以上**）。

## ● 個人予約はここに注意

　ご自分で予約手配された場合に忘れてはならないことは、航空便ではEチケットのコピー、ホテルでは予約票のコピーを必ず持参することです。現在の航空便予約はEチケット方式になり、以前のように航空券は発券されず、空港のチェックイン・カウンターでパスポートを見せるだけでチェックインするか、自動チェックイン機でのチェックインをするようになりましたが、出発日・時刻の再確認のために、Eチケットのコピーがあれば安心です。また、ホ

テルでは繁忙期や、種々の理由による到着遅れの場合、まれに予約がキャンセルされてしまっている場合があります。

　見本市シーズンのイタリアでの何度かの経験では、モノを言うのは予約票の控えで、これを持ってねじ込まれたら、ホテル側としてはたとえ自分のところに空き部屋がなくとも必ず別のホテルに部屋を確保せざるを得なくなります。

**✳ベストな旅行シーズンは自分の目的に合った時期**

　目的や予算によってベストな旅行シーズンは異なります。

　自分が何をしたいかを考えて旅行の時期を決めましょう。

| | |
|---|---|
| 1月〜2月・12月 | 年末年始以外は観光客も少なく航空運賃やホテル代も安い時期です。大変寒く日も短いので屋外での観光には適しませんが、セールで買い物をするとか、音楽鑑賞や美術館での美術鑑賞にはうってつけ。北部は霧や雪で交通機関が乱れるおそれがあります。 |
| 3月〜5月 | 季節的には最も快適で観光に適していますが、観光客も多く航空運賃やホテルの値段も高くなります。北イタリアの3月はまだ寒い日も多いですが、日も長くなるので屋外での観光に問題はありません。 |
| 6月〜9月 | 日も長く天候も安定しますが、欧州各地の夏休み時期にあたり大変混む時期で値段も高めです。真夏には40度を超える猛暑の日もあり、屋外を歩く観光では体力を消耗しますし、8月には夏休みで閉まるお店やレストランも多くなります。 |
| 10月〜11月 | 比較的空いており値段も安いのですが、雨が多くなります。キノコやワインの新酒など秋の味覚を楽しみ、屋内の観光をするには良い季節です。 |

**8**

**ユーロはどこで両替したら良い？**

● **イタリアでは共通通貨はユーロ**

　イタリアでは欧州共通通貨ユーロが使われていますので、イタリア旅行をするならどこかでユーロ通貨を手に入れる必要があります。

　一般的なのは出発前に銀行などで円の現金をユーロの現金で両替することでしょう。ユーロと円の換算レートは日々変化しますので、テレビのニュースや新聞、ネットで毎日のレートをチェックし、円安傾向にあるなら（たとえば1ユーロ150円が数日後に1ユーロ160円になっているようなとき）なるべく早く両替を、円高傾向にあるなら（先ほどの例とは逆に1ユーロ160円が、150円になっているとき）出発ギリギリまで待つことで、有利な換算レートでユーロを手に入れることができます。ただ、通貨の動きはプロも予測できることではないので、どこかで見極めをつけるしかありません。

● **観光地の両替商には注意を！**

　日本でもイタリアでも銀行で両替している限り、途方もない手数料を取られたり、不利な換算レートを適用されたりすることはありませんが、イタリアで特に観光地の両替商で円をユーロに両替すると、かなり悪いレートでしかも多額の手数料を取られ、銀行で替えるより1～2割もユーロの手取りが少ないことがあるのでご注意ください。なお、イタリアの銀行で両替をする場合、必ずパスポートの提示を求められるので、パスポートを忘れないでください。

## ● クレジット・カードを上手に活用

スリや盗難の危険を考えると、日本円で数十万円を超える多額の現金を持ち歩くことは避け、現地の ATM で現金を下ろせる銀行キャッシュ・カードでまめに現金を下ろすか、クレジット・カードを活用するほうがお勧めです。イタリアでは日本人が訪れるような街には至るところに銀行の ATM があり、24 時間 365 日いつでも使えますので便利です（とは言え、深夜に ATM を使うのは避けたほうが良いのは言うまでもありません）。イタリアの ATM でユーロの現金を引き出すと、日本の円口座から引き落とされるシステムで、換算率は一定の手数料を加えたレートで、街中の両替商のレートよりは有利ですが、最近はクレジット・カードのレートよりは悪いようです。ただ、手軽に現金を現地の ATM でおろせるのは便利なので、日本の大手銀行や旅行代理店の JTB などが出しているキャッシュ・カードを利用する価値はあると思います。

**✳為替レート変換の参考**
（2025 年 1 月現在）

| 1 ユーロ | 約 163 円 |
|---|---|
| 1 ポンド | 約 196 円 |
| 1 スイスフラン | 約 173 円 |
| 1 米ドル | 約 157 円 |

# 9 クレジット・カードはやっぱり便利

## ◉ クレジット・カードと現金を使い分けよう

　前項でキャッシュ・カードや現金のお話しをしましたが、ユーロと円の換算レートが最も良心的なのはクレジット・カードです。ホテル代、航空運賃、列車運賃、食事代、お土産などある程度まとまった金額の支払いにはクレジット・カードを利用し、近距離のタクシー代や地下鉄、飲物やちょっとした買い物は現金でと言う風に使い分けることが現実的。ただ、最近は地下鉄などの公共交通機関でクレジット・カードのタッチ決済を導入しているところも増えているので、この使い分けも段々変わってくることでしょう。

## ◉ クレジット・カードでは円建て決済も可能

　イタリアでのクレジット・カードでの支払いでは、ほとんどの店が電話回線を通じた認証システム（ポータブル端末）を使います。この場合に暗証番号の入力を求められますが、サインにしたいと言えば入力しないことも可能です（暗証番号はくれぐれもお間違えなく）。また、カードや支払い先によっては支払い額をユーロ建てとするか円建てとするかを選ぶことができる場合もあります。その際自分で換算レートを確認できますので、納得できるレートであれば円建てで支払い金額を確定します（現金での換算レートより良いレートのことが多い）。円建て決済ならそれ以上の為替変動リスクがありません。もしこうしたポータブル端末を使わず、カードの型を取ってサインさせる昔ながらのお店があったとしたら、ちょっと不安です。この場合は、

カードでの支払いは見合わせたほうが無難かも知れません。

## ◉ カード会社の連絡先電話番号を控える

　現金同様、クレジット・カードにも盗難の危険はもちろんありますが、仮に盗難にあっても、すぐにカード会社に連絡すればカードを止めてくれますし、万が一犯人がカードを使っても、カード会社の保険で補償してもらえます。

　そうした場合に備えて、財布とは別の場所にカード会社の連絡先電話番号を控えておきましょう。多くのカード会社では日本語の連絡窓口も設置してありますし、盗難保険や海外旅行者保険を自動的に付けてくれるカードもあるので安心です。たとえ盗難にあわなくても、スキミングなどでカード情報が盗まれる危険は常にありますので、カードの使用記録を常にチェックし、身に覚えのない請求は直ちにカード会社に問い合わせるようにしましょう。海外で使用したカードの二重請求や、データを盗まれて使われた経験がある旅行者もいます。

　最後にちょっとトラベラーズ・チェック（T/C）について触れておきます。以前は海外旅行と言えばT/Cを持って行くのが常識でしたが、最近では見かけません。実は日本でのT/Cの新規発行は2014年3月を以て終了しており、国内で入手することはできませんので、海外旅行での決済手段として考える必要はありません。

# 10 これを持っていくと便利！な持ち物

## ● アメニティ・キットはないと心得て

イタリアでは日本の常識を忘れてくださいという話を前にしましたが、同様に忘れてもらたいのがホテルでのアメニティ・キットです。割合最近の話ですが、4〜5人のグループでのイタリア出張でのこと。日本からの到着日、夕刻ホテルにチェックインして夕食に行こうとした際に、初めてイタリア出張に来た同行者が歯ブラシを買いたいと言い出しました。洗面道具は持ってきていないのかと聞いたところ、日本のホテルには歯ブラシや髭剃りが置いてあるので、持ってこなかったとの話です。イタリアでは一部の高級ホテルを除けば、日本のホテルのようなアメニティ・キットは置いてありません（通常置いてあるのは石鹸、シャンプーくらい）ので、必要最小限の洗面道具は自分で持参する必要があります。幸いすぐそばに小さなスーパーがあったので、そちらで無事歯ブラシと歯磨きチューブを入手しましたが、これからイタリアに行かれる方にはぜひ気を付けてもらいたいポイントの一つです。

## ● 機内でのスリッパの履き替えは離陸後に

このほかに、現地で手に入れるのが面倒で持っていくと便利なものにはスリッパやハンガーなどがあります。スリッパを置いてあるホテルもたまにありますが、どこにでもあるわけではないし、自分で持参すれば長時間の飛行機の中でも使えてリラックスできます。飛行機に乗ってまだ出発しないうちにいきなりスリッパに履き替える人を見か

飛行機に乗り込んですぐにスリッパに履き替えるのは早すぎる

けますが、履き替えるのは離陸が終わってからにしましょう。あまりこんなことは言いたくないのですが、飛行機で事故が起きやすいのは離陸時と着陸時。離陸時にスリッパに履き替えていたら、万が一非常口から脱出した場合に走れず、危険です。

## 🌀 まだまだある持ち物たち

　ハンガーは洗濯した下着や靴下の乾燥用。1週間や10日くらいの旅行なら、日数分の着替えを持っていく人もいるかも知れませんが、下着などはバスタブや洗面所で簡単に洗って干しておけば一晩で乾きます。こうした工夫で荷物を軽くすれば、お土産の入る余地も大きくなろうというもの。また、乾燥する機内対策にのどあめ（離着陸時の気圧変化による耳鳴り防止にも効果的）やマスクを持参するのも便利。以前イタリアでは病院以外でマスクをする人はほとんど見かけませんでしたが、コロナ禍を経て多少変わったとは言え、健康な人が街中でマスクをする光景は今でもあまり見ません。意外に便利なのはアイマスク。部屋に照明が漏れてくるとか、機内で眠るときに活用できます。あとは自分の行動パターンに伴ったものを持って行くのがよいでしょう。ついつい食べ過ぎになりやすいイタリア旅行では、消化薬も持参した方がよいかも知れません。

## イタリアの通信事情

　おしゃべりが大好きなイタリア人の国、イタリアの通信事情は日本に引けを取りません。携帯電話の電波は鉄道や地下鉄のトンネルでも通じますし、電車の中でも携帯で話をしても構わないのがイタリアでの暗黙のルールです（あまり大声を出すと注意されますが）。

　NTTドコモ、ソフトバンク、AUなど日本の携帯電話会社は皆国際ローミングと呼ばれる海外携帯電話会社との提携サービスを行っており、イタリア到着後、携帯やスマホのスイッチを入れると自動的に使える携帯電話会社の回線を探し出して接続してくれます。確かに便利なのですが、気を付けねばならないのは通話料金や通信料金。日本の携帯電話をイタリアで使用するとドコモの場合、日本への発信には1分あたり280円、着信の場合にも1分あたり110円の通話料がかかります（2024年12月現在）。着信にも課金されるということをうっかり忘れていると大変なことになります。

　もう一つ気を付けることはデータ通信です。電話回線を通じてメールやSNSをやり取りできる便利な時代になりましたが、この料金もまた高額ですので、現地到着前にスマホのモバイルネットワーク設定で、データ・ローミングをオフにしておかないと、ソフトウェアの更新などが勝手に始まってしまい、後で高額の請求にビックリすることになりかねません。

　最近は出発空港でWiFi機器をレンタルし、現地ではWiFiを使ってLINEやWhatsAppなどのSNSサイトを通じて日本との通話を行ったり、SNSの投稿を行ったりする人がとても多くなりました。機器のレンタル料も使用期間やギガ数により様々ですが、現地電話会社の通信回線を使ったデータ・ローミングより安いことは間違いありません。

　また現在ではほとんどのスマホがSIMフリーとなっているので、現地でSIMカードを購入して現地回線を使って通信・通話を行うことも可能です。

# 第 3 章

## ついに到着

# 11

## 空港到着。思ったより簡単な入国手続きで拍子抜け

### ● 到着空港で入国手続き

日本からイタリアへの移動で直行便を選ぶか、あるいは中東やアジア経由で到着した場合、ローマ、ミラノなどの到着空港で入国手続きが行われますが、通常きわめて簡単です。旅行目的の短期滞在であれば入国書類に記入する必要はありませんし、最近は自動化ゲートが設置されていて日本のパスポートを持っていれば通れますし、その後の入国審査でも入国目的や滞在日数を聞かれることもまずありません。せっかくイタリア語で想定問答を練習していったのに、何も聞かれずガッカリしたという笑い話もあるくらいです。2025 年から EU 諸国への渡航には ETIAS という事前渡航認証システムが導入されることになっています。米国で既に導入されている ESTA と同様の制度で、オンライン申請が必要ですが、いつから導入されるのか、2025 年 1 月現在まだ決まっていません。渡航に際してはこの点について事前に必ずチェックしましょう。

### ● 欧州経由便は注意を

注意するのは欧州経由便の場合です。欧州ではシェンゲン協定を締結した国同士の入国審査は行われておらず、スイスも含め西欧諸国のほとんどがこれに該当するため、欧州大陸各地の空港経由でイタリアに入国する場合、最初の到着空港で入国審査が行われ、税関検査のみがイタリア国内到着空港で行われることになります。例えばフランスのパリ経由でミラノに到着する場合、入国審査はパリで行わ

れパスポートにはフランスの入国スタンプが押されますが、パリからミラノ行き乗り継ぎ便では出国審査はなく、ミラノの空港でも入国審査は行われず、税関検査のみです。欧州からの到着便に対する税関検査は簡単でほとんどチェックを受けることはないのですが、免税限度を超える本数のタバコを成田空港で買って持ち込もうとした人が税金を取られたこともあったので、注意しましょう。

## 🌐 英国経由でイタリアに入国

　もう一つ気を付けなければいけないのは、EU から脱退した英国経由でイタリアに入国する場合です。ロンドンの空港で乗り継ぐ場合、同じターミナル内での乗り継ぎであればロンドンでの入国審査は行われず、トランジット・エリアを通ってイタリア行きの接続便に乗り、イタリアの到着空港で入国審査が行われ、その後手荷物を引き取って税関検査と言う流れになります。もしロンドンの空港で別のターミナルに移動する際は、ターミナルにもよりますが一旦英国に入国し、搭乗便のターミナルで再度出国の手続きを行わねばなりません。2025 年 1 月 8 日以降、英国への入国には ETA という渡航認証をオンラインで事前に取得することが必要となりました。従ってロンドンでの乗り継ぎでは航空会社に良く確認して必要な手続きを行いましょう。

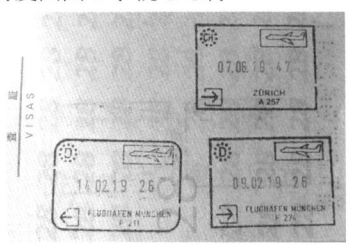

「イタリアに行く場合でも経由国のスタンプが押されることがある（D はドイツ、CH はスイス）

## 12 空港から市内への移動手段はどうする？

### ● 空港から市内へ

　空港での税関検査も無事に済んで晴れてイタリアに入国です。しかし、ここで安心してはいけません。迎えの人でも頼んであるなら別ですが、空港から市内までの移動が残っているからです。

　ここでは日本からの旅行者の多くが到着するミラノとローマを中心に説明しましょう。日本からの直行便はローマであればフィウミチーノ空港（**レオナルド・ダ・ビンチ空港**）、ミラノならマルペンサ空港に到着します。経由地での乗り継ぎ便の場合、ローマはフィウミチーノ空港で変わりませんが、ミラノでは市街地に近いリナーテ空港に到着する便もありますので、自分がどこの空港に到着するのか、あらかじめ確認しておきましょう。

### ● 列車？バス？タクシー？

　フィウミチーノ空港の場合、ローマ・テルミニ駅行きのノンストップ特急「レオナルド・エクスプレス」（朝 5 時台から夜中 12 時まで 15 分おきに出発）や空港バスを使って市内に移動できますが、人数が複数いればタクシーでも市内中心部まで 55 ユーロの固定料金ですので、そちらの方が楽かも知れません。ミラノ・マルペンサ空港は市内から 50 キロほど離れているため、空港直結駅から出る列車「マルペンサ・エクスプレス」（ミラノ中央駅行きと市内中心部に近いカドルナ駅行きがある）か、中央駅行きの空港バスを利用するのが一般的ですが、タクシーであれば 110

ユーロほどになります。ミラノのもう一つの空港リナーテ空港には主として国内線と欧州近距離路線が発着し、欧州での乗継ではこちらに到着する便も多いのですが、2022年に地下鉄4号線が開通し市内中心部まで乗り換えなしの12分で到着し、タクシーでも30ユーロ弱で行ける近さは魅力です。

## 客引きにご用心

気を付けてもらいたいことは、空港に到着する客にやたらに声をかけてくる怪しげな人たちが多々いることで、これはローマもミラノも同じです。「タクシー」などと声をかけて英語で話しかけてくるのはほぼ間違いなく白タクで、うっかり乗るとトラブルの元ですから、絶対に応じないこと。タクシーは必ずタクシー乗り場から乗りましょう。

### Cautele 注意！

**空港での盗難事故に注意を**

空港での盗難事故です。長旅に疲れている一方で興奮状態にある日本人客にどうでもいいようなことを話しかけ、気をそらした一瞬の隙に貴重品の入ったバッグなどを盗むという手口をよく聞きます。白タクの客引きならすぐ気が付きますが、着いたばかりの日本人に時間を聞いたり、日本のことを聞いたりするなんて、常識的に考えればあり得ないことです。空港で税関を出た直後、喫煙者が長旅の後の一服をしようとターミナルの外に出た直後に被害にあう場合が多いようなのでご注意を。

# 13

## タクシーについてのお役立ち知識

### ● 怪しげなタクシーにご用心

到着空港からのタクシー利用について、声をかけてくる白タクに気を付けることは前項で説明した通りです。基本的に空港のタクシー乗り場から乗る正規のタクシーについてはそう心配はいらないはずなのですが、ローマやナポリでは時としてメーターを倒さずに走り、料金をふっかけるタクシーもあるので、もしメーターを倒さずに走り出そうとしたときにはメーターを指さして「メーター」と叫んでください。多くの場合英語が通じないので、イタリア語で何やら言い訳し始めたらさっさと降りてしまったほうが無難です。

### ● 支払いは日本と同じ

料金は基本的にメーター料金です。人数が 4 人だったり、荷物が多かったりすると割増料金がつきますが、2 − 3 ユーロがそれぞれ加算される程度です。支払はクレジット・カードが使えるタクシーも増えてはいますが現金しか使えない場合のために、10 ユーロ札、20 ユーロ札を用意しておくほうが良いでしょう。北イタリアのタクシー（ミラノ、フィレンツェなど）では必ずお釣りはくれますが、南だとくれない場合があるので、その場合は「レスト」(Resto) と言えばお釣りをしぶしぶ渡してくれることでしょう。チップは必ずしも渡す必要はなく、端数を切り上げるとか、18.50 ユーロの料金なら 20 ユーロを渡してお釣りをあげると言った程度で十分です。領収書が必要な場合は、「リ

チェヴータ」(Ricevuta)
と頼めばチップも含めた金
額を書いてくれます。

### 🌑 フィレンツェのタクシー事情

フィレンツェではローマ
同様、空港から市内までは
固定料金が適用されていま

フィレンツェでは、空港から市内までのタクシーは固定料金

すが、荷物の加算料金が付く点は、他の都市と変わりません。フィレンツェのタクシーで問題が起こる心配はまずないのですが、旧市街は狭い道で一方通行が多く、地図で見ると近い距離なのにぐるりと遠回りしなければならず、意外に時間がかかることがあるので気を付けましょう（これはローマやミラノ、ナポリの旧市街地も同じです）。

Informazioni 情報

### イタリアではタクシーの流しはない

市内あちこちに設けられたタクシー乗り場から乗るか、無線タクシーを呼んでもらいます。専用の呼び出し端末を置いてあるホテルやレストランも多く、数分でタクシーの番号（Roma 24 など地名＋番号の組み合わせが多い）と待ち時間（○○分）をプリントした紙が打ち出されるのはかなり合理的です。大体数分で来ることが多いので、この紙を持って外で待ち、書かれた番号のタクシーがやってくれば、行先を告げて乗るだけです。日本のタクシー配車アプリと同様の InTaxi と言うアプリがイタリアでも普及して来ており、日本のスマホでも使うことができますので、興味がある方はチャレンジしてみて下さい。

## 意外に重要な靴選び

イタリア旅行で意外に重要なのが靴選びです。歩きやすい靴を選んでいくことは当然ですが、だからと言ってスニーカーにジーンズというのはちょっと短絡すぎます。

イタリアへの飛行機での移動時や、歩くことが多い観光地巡りなどの際には、しっかりとしたゴム底の革製ウォーキング・シューズがお勧めです。ランニング・シューズなどのスニーカーは底が柔らかすぎて、石畳が多いイタリアの町を歩くにはかえって疲れやすいことがありますし、いかにも観光客というスタイルなので、スリや置き引きに狙われやすくなります。

夏場、往復の飛行機でビーチ・サンダルを履いている人を見かけることがありますが、空港での歩行距離は意外に長いことや、重たい荷物を持ち運びすることを考え、しっかりとした靴を履きましょう。

革底の紳士靴やパンプスは、長時間の街歩きには適しませんが、夜のレストランでの食事の際や音楽鑑賞の機会に履くために1足持参するといいかも知れません。日本では最近あまり使われなくなったTPOという言葉、イタリアでは今でも健在で、高級ブティックやレストランに行く場合には、靴も含めてその場所に適した恰好で行くことで、先方の対応が違ってきます。イタリア人は靴を見てその人を判断する傾向があることを頭の片隅に置いておいてください。

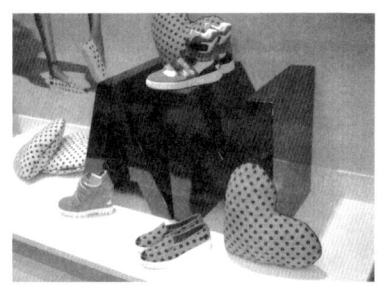

靴が合わないときは現地で買うという選択肢も

# 第4章

## ホテルでの振る舞い

# 14

## ホテルのロビーは安心とは限らない

### ⬤ ホテルでチェックインの際は要注意

　日本から十数時間、経路によっては丸一日かかる空の旅でくたくたになり、イタリアに入国して空港から何とかトラブルもなく無事ホテルに到着。やれやれと言うところですが、まだ安心するのは早すぎます。

　実はホテルのロビーは、観光客が盗難にあう可能性が非常に高いところです。小さな家族経営のホテルは別として、日本人のツーリストが使うようなホテルには通常立派なロビーがあって誰でも出入りできるので、特にチェックインの際は要注意。ようやくホテルに着いたら、早くチェックインを済ませ、部屋でゆっくりしたいところですが、こういうときに限ってチェックイン・カウンターのスタッフが少なかったりして、時間がかかるもの。イライラして自分の手荷物を置きっぱなしでその場を離れたりしたら大変です。イタリアではホテルの宿泊の際、必ずパスポートをチェックイン時にホテルに渡さなければなりません。このため、意識がパスポートに集中して、自分の荷物がおろそかになる瞬間が要注意です。スーツケースは到着したらすぐにホテルのポーターに預ければいいのですが、貴重品を入れた手荷物は体の一部に触れるようにして必ず手元に置いてください。チェックイン時にカバンを床に置いた隙に盗まれた人もいますので、床に置くなら足に触れるようにしましょう。

## ◉ 高級ホテルでも安心は禁物

高級ホテルだからと言っても安心はできません。高級ホテルにはお金を持った人たちが出入りするのは世界中どこも同じこと。従って盗みで生計を立てているプロも高級ホテルに出入りする人たちを狙うのです。こうしたプロたちはいかにも怪しげな恰好はしていません。ビシッとスーツに身を固め、どこから見ても立派なビジネスマンという身なりで、持ち主の手や視線が届かないバッグをさりげなく持ち上げ、静かに立ち去ります。特に日本人ツーリストはイタリアでは目立ちますので、格好のターゲットになりがちです。

## ◉ 手荷物からは絶対に目を離さないこと

ある知り合いの日本人ビジネスマンが、チェックイン時に自分のカバンが消え失せたのに気付き、周りを見回すと別のビジネスマンが悠然と自分のカバンを持ってロビーから出ていこうとしていました。慌てて追いかけ、自分のバッグをなんで持っていくのだと問い詰めたところ、相手はこれまた悠然と、「これは失礼。間違えて持ってきてしまいました」と答えたとか。

ホテルでは当然ポーターやコンシェルジェの目も光っていますので、怪しまれないように極めて洗練された手口で盗難が行われることに注意して、自分の手荷物からは絶対に目や手足を離さないよう心がけましょう。

**15**

ホテルの部屋を確実にチェックしよう

● エレベーターにご注意

　ホテルのチェックインを無事に終え、部屋の鍵を渡されたら自分の部屋へと向かいましょう。5つ星の高級ホテルならスタッフが部屋まで案内してくれるところもありますが、多くのホテルでは自分で部屋へと向かいます。イタリア語でアシェンソーレ（Ascensore）と表示があるのがエレベーターです。渡された鍵の部屋は1階にあるのになぜかエレベーターに乗らなければいけないのは、イタリアの1階（プリモ・ピアノ）は日本の2階にあたるからです。ちなみに通常ロビーや入り口がある階は1階ではなく、地上階（ピアノ・テッラ）と言い、エレベーターでは0やLで示されている場合が多いので気を付けてください。イタリアのエレベーターには開閉の「閉」ボタンがない場合が多いので、うっかり非常ベルを押すことのないようこれもご注意を。

● 自動ロックはイタリアでも気を付けよう

　部屋でまず確認することは、部屋のロックがしっかりと掛かるかどうか、非常口の位置（部屋のドアの裏に必ず表示があります）、セーフティ・ボックスの有無などです。まれに部屋のロックが故障していることもありますので、その場合はフロントに連絡してすぐに部屋を変えてもらうか、ロックを修理してもらいましょう。

　最近はイタリアのホテルも旧式な鍵ではなく、電子カード式のロックが多くなりました。この場合、部屋に入った

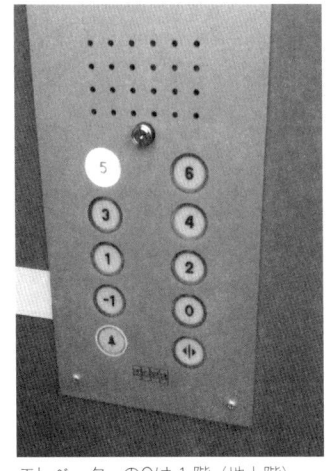

エレベーターの0は1階（地上階）、Closeボタンがないことに注意

らすぐ脇にあるスロットにカードを差し込まないと部屋の電気がつきませんのであわてないように（部屋を出るときも、このカードを持たないと自動ロックで締め出されてしまいます）。もし荷物をポーターに預けていたら、荷物を持ってくるのを待ち、届けてくれたスタッフには数ユーロ程度のチップを渡すと良いでしょう。

### ⬤ シャワーだけの部屋が主流

　ホテルのグレードにもよりますが、意外に多いのがバスタブではなくシャワーだけの部屋です。夏は結構暑くなるイタリアですが、湿気が少ないので風呂に入らなければという感覚があまりないのでしょうか。トイレには通常ビデが併設されていますので、間違って使うことのないようご注意ください。

### Cautele 注意！

#### 携帯電話の充電は？

　電源は220ボルトで、コンセントは日本の形状とは異なるCタイプという形が使われています。220ボルトに対応している携帯電話の充電にもプラグのアダプターが必要です。もし忘れた場合には、洗面所に日本のプラグも使えるシェーバー用のコンセントが設置してあることが多いので、これを使えますが水濡れにはご注意ください。

# 16

## 日本のホテルとは違ってアメニティ・キットやスリッパはないのが普通

### ● ごく基本的なものしかないのが普通

　イタリアのホテルには日本のホテルに通常備え付けられているようなアメニティ・キットは置いてありません。ホテルのグレードを問わず、バスルームに置かれているのは石けん、シャンプー、バスフォーム、タオル、トイレットペーパー、ティッシュペーパー、ドライヤーなどごく基本的なものだけで、歯ブラシや髭剃りなどはありませんので、必ず自分のものを持参してください。以前、初めてイタリアに行った人がホテルに着いたら、歯ブラシも練り歯磨きもないのに驚き、あわてて近所のスーパー・マーケットに買いに行ったことがありました。イタリアにはコンビニがなく、到着が夜遅かったり、近くにスーパーなどがなかったりすれば買い物もできませんから、くれぐれも旅行準備ではこうした身の回り品を忘れないでください。

### ● スリッパは持参する

　ホテルによってはスリッパや湯沸かしポットなどが備え付けられていることもありますが、むしろ例外と思ったほうが良いでしょう。スリッパなどは軽いものなので、自分で持参することをお勧めします。冬場、部屋の床が大理石だったりすると相当冷え込みますので、裸足で歩くことはできませんし、靴のままだとやはり疲れが取れません。ただし、スリッパのままで部屋の外へ出ることはやめましょう。部屋を出たらそこは町の通りと同じ公共の場です。夏場はビーチ・サンダルを持っていくのも一案です。これな

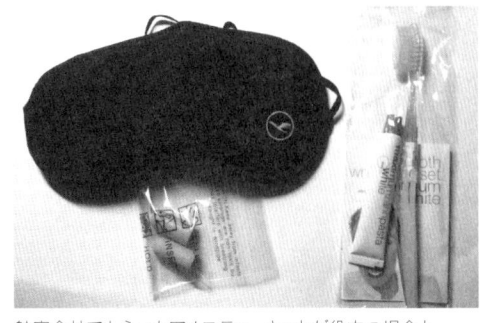

ら外にも出られます。
なお、自分で小型の湯
沸かしポットやドライ
ヤーを持参する人もた
まにいますが、ホテル
航空会社でもらったアメニティ・キットが役立つ場合も
の各部屋のアンペア数は限られているので、避けたほうが
良いでしょう。

### 冷蔵庫のチェックも忘れずに

　部屋には冷蔵庫が備え付けられていて飲み物などが入っ
ていますが、有料で料金表は冷蔵庫の上やテーブルの上に
置かれています。ミネラル・ウォーターはイタリア旅行の
必需品と言いましたが、到着初日でミネラル・ウォーター
を買えなかったなどの場合は、やむを得ませんので、ホテ
ル備え付けのミネラル・ウォーターを利用しましょう。自
分で買ってきたミネラル・ウォーターや食べ物を冷蔵庫に
入れておいても構いませんが、チェックアウトの際に忘れ
ないようご注意を。

# 17

## 大切な貴重品の扱いはどちらがより安全かという観点で決める

### ● 頭が痛いパスポートの扱い

海外旅行の必需品パスポートの保管にはいつも頭を悩ませます。ホテルの部屋にあるセーフティ・ボックスに入れるべきか、フロントに預けるべきか、それとも持って外出するべきか、どれも一長一短で決定的な解決策は残念ながらありません。ホテルのセーフティ・ボックスやフロントに預けても、従業員が信用できなければ危険ですし、パスポートを持ち歩けばスリや置き引きにあう危険がある。結局は、どちらがより安全かという観点で決めるしかありません。買い物をして免税手続きをするとか、街中の銀行や両替商で円を両替するとか、サッカーのチケット（すべて記名式）を買うなどの場合はすべてパスポートが必要となるので、持って出かけるしかありません。このようなとき、男性なら紐のついたパスポート・ケースに入れて紐をベルトに結びポケットに入れますが、女性の場合にはこの方法は使えません。できるだけ身に着けるのが望ましいのですが、必要なときに出せなくては困るので、なるべく底の深いバッグに紐付きケースで入れておくなどの方法でスリの被害を防止するしかないと思います。

### ● とりあえずはホテルのセーフティ・ボックス

パスポートを持ち歩く必要がなければ、ホテルのセーフティ・ボックスにパスポートを入れて出かけます。その理由は、セーフティ・ボックスに入れて盗難にあうより、持ち歩いてスリや置き引きにあう確率の方がはるかに高いか

らです。もちろんセーフティ・ボックスもホテルのスタッフが開けようと思えば開けられるのですが、万が一セーフティ・ボックスに入れたパスポートがなくなったとなれば、ホテルは警察の捜査を受けなければならなくなり、客商売として信用上望ましいことではありません。従って、パスポートを盗ることはないだろうとの読みです。

## 🌏 ホテルの部屋で盗難にあっても現金は戻ってこない

　パスポートの次に大切な現金やクレジット・カードですが、これは持ち歩くしかありません。ただし、必要以上に高額の現金を持ち歩くことは避け、支払いはなるべくカードで行って現金は最小限にとどめておいたほうが良いでしょう。ホテルの部屋の中に現金をむきだしにして置いておくのは論外ですが、トランクの中に現金を入れ、鍵をかけておくのもあまりお勧めできません。過去にホテルの部屋でトランクの鍵をこじ開けられ、現金を盗まれたケースもありますのでご注意ください。警察に届け出ましたが、現金は戻ってきませんでした。

まずはセーフティ・ボックスの使い方を確認してみよう

## 18 ホテルでの食事と言えば通常は朝食のこと。宿泊料金は朝食代込みが多い

### ● レストランがあるのは一部の高級ホテルくらい

イタリアの都市部のホテルでは一部の高級ホテルを除くと夕食を提供するレストランを併設しているところはあまり多くありません。イタリア旅行の重要な要素の一つである食事については次に1章を設けました。ここでは、ホテルでの食事を紹介しますが、通常は朝食のみの場合がほとんどです。

### ● 朝食も旅の楽しみ

ホテルの宿泊料金には朝食代が含まれていることが多く、フロントで朝食の場所（1階か地階のことが多い）と時間を聞いておき、直接その場所に行けば大丈夫です。基本的にイタリアの朝食はいわゆるコンチネンタル・ブレックファストで、ロールパンやクロワッサン（ブリオッシュやコルネットと呼ばれる）などのパンとハム、サラミ、チーズ、フルーツ、ヨーグルトにジュースやコーヒー、紅茶と言った簡単なもので、多くのホテルではセルフ・サービスになっています。

コーヒーや紅茶だけは、注文を聞いて持ってくる場合もありますが、朝食の際に飲むことが多いのはカプチーノかカフェ・ラッテ（ミルク入りコーヒー）で、エスプレッソだけのことはあまりありません。朝食の内容はホテルによってかなり差があり、ベーシックなものしかないところから、生絞りのオレンジ・ジュースを飲めるところまで様々ですが、イタリアでは三食の中で朝食が最も簡単なものだ

という点は覚えておいてください。

朝、カプチーノをバールで飲むのも楽しい

### ● 外で好みの食事でイタリアーノに

　もしも朝食がホテルの料金に含まれていない場合、追加料金を払ってホテルの朝食を食べるという選択肢もありますが、それよりもちょっと外に出て近所のバールでカプチーノと自分の好みのクロワッサンやパニーニ（サンドイッチ）を頼んだほうが、イタリアらしい楽しみ方ができると思います。時間とお金を節約したい人は前日に近所のスーパーなどでパンや飲み物を買っておき、部屋で食べるという選択肢もあります。もし部屋に電気ポットなどがあれば、日本から持参したカップ麺を食べるという裏ワザもあるのですが、それぞれ皆さんの好みに応じた朝食をとるのが良いでしょう。

### ● 朝食でエネルギー補給を

　一つだけ注意したいのは、日本ではあまり朝食をとらないという人も、イタリアで朝食抜きはやめたほうが良いでしょう。昼食時間が日本より遅いこともありますが、旅行中は何かと動き回るし、暑さや寒さで体に負担がかかることが多いので、朝はしっかりとエネルギーを補給しましょう。

# 19 旅の味方、コンシェルジェを大いに活用しよう

## ● 英語でも OK

ちゃんとしたホテルであれば、ロビーにコンシェルジェがいて、地元情報の生き字引となっています。滞在した町について知りたいことがあれば、どんどん聞きましょう。

イタリア語が分からなくても片言の英語で聞けば親切に教えてくれるはずです。コンシェルジェのデスクには必ずその町の地図が置いてあります。地図アプリも便利ですが、まずは地図をもらって町の全体像を把握し、自分のホテルの場所を確認しておけば安心です。

## ● コンシェルジェのお勧めや穴場のレストラン

次章で説明しますが、地元で人気のレストランはガイドブックに載っていないことが多いものです。コンシェルジェにお勧めや穴場のレストランを聞いて予約を入れてもらいましょう。そうしたレストランではたいていイタリア語しか通じませんので、お勧めの料理を書いてもらうと、注文のときに助かります。レストラン側もホテルから紹介されてきたお客には、ちょっと特別なサービスをしてくれたりします。

## ● コンシェルジェのネットワーク活用で思わぬ発見も！

観光スポットに行く場合にもあらかじめコンシェルジェにオープンしている時間帯を確認しておけば、行ってみたら閉まっていてガッカリと言ったことは避けられますし、美術館やコンサート、サッカーのチケットなどの予約手配

の相談にも乗ってもらえます。特に最近は予約しなければ入れない美術館などが増えているので、コンシェルジェのネットワークを活用すれば、まさか行けると思わなかったところにも行けるかも知れません。

## ⚫ 体調が悪くなったりした場合も頼もしい存在

　公共交通機関が発達しているローマやミラノのような町以外では、徒歩かタクシーなどの移動が多いので、安全に歩けるルートを聞いたり、タクシーの手配をしてもらうこともコンシェルジェに頼めます。万が一、体調が悪くなったりした場合には、薬局の場所を教えてもらったり、医者を呼んでもらったりすることもできますが、そうした特別な依頼をしたときには、感謝の気持ちとともに**コンシェルジェにチップ（10 ユーロ程度）を渡してください。**

**Dati taglienti
ちょっと一言**

### 宿泊税は現金で

　ホテルのチェックアウト時、注意しなければならないのは、イタリアの主要都市のホテルでは宿泊税を現金で支払う必要があることです。都市によりその額は異なり、最も安いベネチアで一泊につき 1 つ星ホテルで 1 ユーロ、5 つ星ホテルなら 5 ユーロですが、最も高いローマでは一泊あたり 1 つ星ホテルで 4 ユーロ、5 つ星ホテルでは 10 ユーロを宿泊費とは別に支払わねばなりません。ミラノやフィレンツェではこの間の金額となりますが、現金を使い切ってしまうことのないようお気を付けください。（2025 年 1 月現在）

# 20

## ニュース、交通情報、天気予報などローカルTVでチェック

### ● 日本語放送を視聴できるホテルも

先進国のちゃんとしたホテルであれば、どの部屋にもテレビがあるのは当然のことですが、イタリアでもホテルによっては NHK インターナショナルなどの日本語番組を視聴することができます。

ネット環境が整ったホテルでは、スマホやタブレットで地元の天気予報も含め日本語で情報を得ることが簡単になっているので、テレビの重要性は以前ほどではなくなって来ていますが、それでも朝、出かける前にテレビの天気予報をチェックすれば、イタリア各地の地図が北から南に順番に映し出されて天気が表示され、その地域の主な都市の最低気温・最高気温が示されるので、大変明快です（画像参照）。

テレビの天気予報は分かりやすい

イタリアの地上波 TV には RAI と言う公共放送が 3 局、その他に多くの民放やローカル局があり、さらに欧米や中国など多くの衛星チャンネルがあって各国語での放送を視聴できます。イタリアの現地放送はもちろんイタリア語ですが、言葉がわからなくともある程度わかるのがテレビのよいところです。

　サッカー中継や音楽番組は言葉がわからなくとも、見て楽しめますが、サッカー番組では放送権の問題で試合の様子を実況放映できず、アナウンサーの実況中継を聞きながらコメンテーターがプレーについてコメントするという不思議な番組も存在します。音楽番組のテンションの高さは、さすがイタリアと言って良いのでしょうか。その迫力に圧倒されてしまうこともしばしばです。

### ● ストライキ情報に気を付けて

　旅行中重要なのは、イタリアでは時たま起こるストライキ情報ですが、これはちょっと慣れないと聞き取るのが難しいかも知れません。イタリア語でストのことはショーペロ（sciopero）と言いますので、もしもショーペロと言うニュースがテレビから流れたら、ホテルのフロントやコンシェルジェに確認した方が良いでしょう。さすがにイタリアのストライキ情報を日本語ですぐにネット上で検索するのは難しいですから。

## 物売りにはご用心

イタリアを旅行していると観光客が多い場所には必ずさまざまな物売りが出没します。

ローマのコロッセオ、ミラノのドゥオモなどにはアフリカ系の人たちがミサンガを持ってうろうろしており、日本人とみるとサッカー選手の名前などを言いながらミサンガを渡したり、巻きつけたりしてきますが、後でお金を請求されます。必要なければはっきり 'No' と断ってください。押しの強い相手についつい断っては悪いと思う日本人は、彼らにとって良いカモとなってしまうことが多いですが、断ったからと言って暴力を振るわれるようなことはありませんので、はっきりと断ることが必要です。

同じように観光地では路上に品物を並べて偽ブランドのバッグや様々な小物を売っている人たちも多いですが、偽ブランドの購入は違法ですし、品質も保証されていませんので相手にしないこと。

また、レストランなどで食事をしている際に（特に女性がいる場合）花売りがやってくることもありますし、列車内でカードのようなものを座席の前のテーブルに配って歩く人が出没することもあります。前者の場合は興味があれば買っても害はありませんが、後者は、多くの場合寄付などを要求する内容なので、置かれたものには手を触れず、再び同じ人が回収していくまで放置しておきましょう。

日本ではお目にかからないような物売りに遭遇するのも、見方を変えればイタリア旅行の面白い点かも知れません。

# 第 5 章

## 食事

# 21 レストラン事情　観光地では目抜き通りのレストランに行ってはいけない！

## ● 目抜き通りにあるレストランはご用心

　日本人に限らず、イタリアに行った外国人観光客が犯す間違いの一つが、観光地のど真ん中の目抜き通りにある、いかにも観光客向けのレストランについつい入ってしまうことです。団体などでお仕着せのコースで食事の場所が決まっていれば仕方ありませんが、限られた滞在日数の中、せっかく食事がおいしいイタリアにいるのですから、できればちょっと気の利いたレストランで食事をしたいものです。もちろん観光地のど真ん中のレストランに入ったとしても、食のレベルの高いイタリアなので、耐えられないほどまずい店ということはないでしょうが、おおよそ料理は平凡、サービスは悪く、料金は高いというのが一般的です。

## ● 評判の高いレストランは裏通りを狙え

　どういうわけかイタリアで評判の高いレストランというのは、裏通りにひっそりと店を構えていることが多いのです。観光客には分かりにくく、通りがかりに気楽に入れると言う感じではない点が、何やら京都のひっそりとしたお店に似ています。最近ではネットの口コミ情報が発達しているので、最初から行きたいお店が決まっている場合もあるかも知れません。ネット予約ができる店も増えているので、あらかじめ予約を入れて行った方がよいでしょう。英語が通じるお店は少ないので、ホテルのコンシェルジェに頼むのも確実ですし、お勧め料理もメモに書いておいてもらえば、注文の際に迷わないですみます。多少面倒でもそ

ルッコラが載ったピザ　　　　　　　カラスミも入ったアサリのスパゲッティ

ナポリの大衆食堂で食べたムール貝は絶品

れだけの手間をかけただけの価値はきっとあります。

### ● イタリア語ではリストランテ

　これまでレストランという言葉を使ってきましたが、これはもちろん英語の表現で、イタリア語では**リストランテ**（ristorante）と呼びます。これは文字通りレストランのことですが、イタリアではこのほかに様々な呼び方があり、日本でも最近おなじみになってきた**トラットリア**（trattoria）だとか、**オステリア**（osteria）、**ピッツェリア**（pizzeria）、さらには**ビストロ**（bistro）や**バール**（bar）などと呼ばれる様々な飲食店があります。

## ● 一口でレストランといってもイタリアでは多種多彩

　バールでは普通サンドイッチなどの軽食しか出さず、通常食事に利用するのはリストランテ、トラットリア、オステリアでしょうか。トラットリアとオステリアはリストランテより少し気楽な感じで、価格も安いことが多いのですが、リストランテと同様にフルコースを出すお店です。ただ、トラットリアといってもかなり高級なところもあれば、リストランテと名乗っていても大衆食堂のような店もあって、その違いははっきりしているわけではありません。トラットリアとオステリアに至ってはその違いはよく分かりませんし、イタリア人に聞いても様々な答えが返ってくる有様です。

　ピッツェリアはもっと気楽な店で、日本で言えばラーメン店のイメージでしょうか。多くのピッツェリアではピザ窯があって自分でピッツァを焼き上げています。メニューにはフルコースの料理も出ていますが、リストランテやトラットリア、オステリアのようにコースを頼む必要はなく、ピッツァだけ食べて出ていってもＯＫなのが、ラーメン店のようなイメージの理由の一つです。

## ● 今日は何を食べようかな？

　イタリアでのレストラン（ここではすべてのタイプを含む）選びでもう一つ重要なポイントなのが、自分が何を食べたいのかを明確にしておくことです。料理まではっきり決める必要はありませんが、肉を食べたいのか、魚を食べ

たいのか、ピッツァを食べたいのか、それともパスタくらいで十分なのかによって、行先が異なってきます。前に述べた通り、もしピッツァを食べたいなら、普通のリストランテやトラットリアに行っても食べられませんし、海鮮料理を食べたいのなら、魚を得意とするリストランテやトラットリアに行く必要があります。基本的にイタリア料理はベースが肉となることが多く、魚料理を出す店は比較的限られているので予約する際に注意しましょう。

トラットリアという名のトラットリアもある

## ● 開店時間をチェック

　イタリアの多くのレストランでは、観光地の店以外は開店時間が昼食時、夕食時それぞれ決まっており、北部・中部イタリアであれば昼食の時間帯は大体 12 時半ごろから 3 時ごろまで、夕食の時間帯は午後 7 時半ごろから 11 時ごろまでが一般的ですが、南部になるとこれより遅くなります。また北部でも週末は遅い時間に混み始めることが多いようです。日本人ツーリストは開店早々から食事をしたいことが多いので、そういう意味では人気のお店でも予約を取りやすいかも知れません。

　予約を取っていなくてもミラノやフィレンツェ、ローマのような都会なら、あちこち歩いて回ればいくらでも良さそうなレストランにはお目にかかることができます。

## 23
## レストラン事情　高級店と大衆店の見分け方

### ◉ 高級店から激安の大衆食堂まで

一口にイタリアのレストランと言っても呼び方だけではなく、その中身も千差万別。価格もミラノやローマの一流どころでは日本の高級イタリア料理店以上のところもあれば、驚くほど安いナポリの大衆食堂まで実に様々です。予約をする場合には、ある程度そのレベルが事前に分かっている場合が多いのですが、街を歩いていてレストランに入る場合、一体どうやったら見分けることができるのでしょうか。

### ◉ どこの店でも最も普通にある料理で価格比較をする

イタリアには日本のように店頭に料理の模型が出ているところはありませんが、メニューと価格は必ず外に貼り出されていますので、基準となる料理を決めてその価格を比較すると大体その店のレベルの検討がつきます。旅慣れた旅行者がよく試すのはプリモ（パスタが載っている）で最も普通にある料理、**スパゲッティ・アル・ポモドーロ**（Spaghetti al pomodoro）の価格を見ることです。ミラノの高級レストランでは 15 ユーロしたのが、ナポリの庶民的な店では 10 ユーロ以下なんてこともあります。

### ◉ 呼び込みに負けない

店の前で価格表を見ていると、中から店員が出てきて、片言の日本語で「コンニチハ、ドウゾ」などと言われることもありますが、気に入らなければ断ってしまっても構いません（最近、中国人観光客が激増したせいか、「ニイハオ」

と言われることもあるのはちょっと寂しいです)。

## 景色が良いレストランに行くなら予約を

　店を決めたら店内に入り、人数を告げて（2人ならドゥエ、3人ならトレという具合に数字を言えば通じます）、係員が席に案内してくれるのを待ちましょう。通常、予約客が上席に案内されますので、もし景色が良いレストランなどに行くなら、やはり予約をしておきましょう。夏は日が長く夜9時近くまで明るいので、天気の良い夕暮れに屋外に出されたテーブルで食事をするのは大変気持ちの良いものです（**屋外のことはフオリ <fuori> と言います**）。

　最近はレストランの予約サイトが充実して来て、英語やイタリア語だけでなく、日本語で予約できるサイトもありますので、スマホから直接予約を入れることも可能です。

Cautele
注意！

### 公共の場はすべて禁煙！

　イタリアでは公共の場はすべて禁煙です。室内のレストランやバールも例外ではありません。従ってレストランは全席禁煙で、喫煙席はありませんので喫煙者はご注意ください。夏場など中庭や道路脇などの屋外に設置された座席での喫煙は可能ですが、それ以外の季節、タバコを吸う人はいったんレストランの外に出て喫煙することになります（入り口に灰皿を置いてあることが多い）。

# 24

## レストランでのメニュー選びを楽しもう

### ● お勧め料理にチャレンジ

お目当てのレストランを見つけ、無事に席に案内してもらったら、いよいよ注文です。まずメニューをもらいましょう。観光地では最近、英語のメニューどころか、日本語で書いてあるメニューを用意してあるお店も増えてきました。でも、「本日のお勧め」といった旬の食材を使った料理などは、手書きで別紙にしてはさんである場合が多く、ほとんどイタリア語でしか書いてありません。Lo Chef Consiglie…などと書いたページや紙片がはさんであったら、これが本日のお勧め料理です。

その日のお勧め料理を知りたいと思うなら、頑張って店員さんと片言のイタリア語や英語、手真似でコミュニケーションを図ってみてください。ちゃんとしたお店であれば色々と説明してくれますし、材料を持ってきて見せてくれたりします。ぜひチャレンジしてみてはいかがでしょう。

### ● 西洋料理のコースの流れと同じ

料理の頼み方です。イタリア料理のみならず西洋料理はコースで出てくるのは、ご存じの通り。日本料理が様々な種類のものを一度に出す同時並列方式なのと比べ、前菜⇒スープ⇒メイン⇒デザートという単線方式なのが普通の西洋料理の流れで、これは日本の結婚式の料理などでもおなじみです。イタリア料理も基本的な流れは同じですが、異なる点はスープの代わりにパスタが出てくることです。

## 🔅 イタリア料理の順番

イタリア料理の順番は、アンティパスト（Antipasto＝前菜）⇒プリモ（Primo Piatto ＝一皿目、パスタかスープ）⇒セコンド（Secondo Piatto ＝二皿目、肉か魚）⇒ドルチェ（Dolce＝デザート）⇒カフェ（Caffe'＝コーヒー）または食後酒、という流れです。

スープの代わりにパスタというのは、日本人にとってはピンと来ませんが、イタリアでのパスタの種類の多彩なことは、日本の麺類の多彩さに匹敵します。スープが陸に上がった姿がパスタだと思えば分かりやすいでしょうか。

## 🔅 肉料理がメインの場合の注文は？

それでは、肉料理がメインの場合のパターンを一つご紹介します。まず前菜には、生ハムとメロンまたはカプレーゼ（モッツァレラ・チーズとトマトのスライス）、あるいはブルスケッタ（トマトの千切りを載せたトースト）を頼みます。季節によってはメロンがないので、生ハムとイチジクという組み合わせもありますが、これもなかなか美味です。人数が多いときは、数種類頼んでシェアしても良いですし、日本人には1人に1人前は多すぎることが多いので、例えば2人であれば1人分（ウナ・ポルツィオーネ＝una porzione）、4人いれば2人分（ドゥエ・ポルツィオーニ＝due porzioni）などと頼みます。1人分ずつ頼んでもいいですが、その後にまだ料理が控えていることを忘れないでください。

# 25

## おなかと相談しつつ、失敗しないセコンド選びを

### ◉ 肉料理がメインの場合、次のプリモは？

次のプリモも同時に頼みますが、これは各人の好みのパスタを頼む場合がほとんどです。魚介系のパスタが好みであれば、スパゲッティ・ヴォンゴレ（アサリのスパゲッティ）、コッテリ系が好みならスパゲッティ・カルボナーラ、アッサリ系がよければちょっとピリ辛トマト味のスパゲッティ（またはペンネ）・アラビアータなどを注文します。

### ◉ ルッコラやポルチーニ茸を載せた肉料理が人気

次のセコンドも最初に一緒に頼んでしまっても構いませんが、アンティパストとプリモの食べっぷりを見てからセコンドを頼んだほうが無難かも知れません。セコンドでよく頼むのは、肉の薄切りにルッコラや、秋の風物詩ポルチーニ茸を載せたタリアータ・コン・ルッコラやタリアータ・コン・フンギ・ポルチーニです。トスカーナ料理の店であれば、ここで巨大なＴボーン・ステーキ、ビステッカ・フィオレンティーナを頼むこともあります。フィオレンティーナは通常２人前１キログラムからの注文ですが、脂身の少ない赤身肉なので、３〜４人で結構食べられてしまうものです。

### ◉ みんなでシェアすることも大丈夫

イタリア人は料理を分け合うということはあまりしませんが、前にもちょっと述べた通り、例えば４人のグループなら、前菜を２人前でシェア、パスタは好きなものを各人１人前ずつ、メインは３人前を４人で分けるといった方法

は可能です。色々な料理を少しずつ食べるのに慣れている日本人にはなじみ深い方式で、イタリアのレストランでもよほどうるさいところでない限り、料理をシェアしたい場合は「ディビディアモ・ダ・ノイ」（＝ Dividiamo da noi）と言えばやってくれますし、半分だけ（メッツァ ポルツィオーネ＝ mezza porzione）という風に頼むこともできます。

### ● ドルチェは試す価値あり！

　最後のデザートについては、もうこれ以上は食べられないなら、無理して頼む必要はありませんし、甘いものは別腹という人はぜひイタリアのドルチェを試してください。レモン・シャーベット（ソルベット・リモーネ＝sorbetto limone）はお店によって出てくる形が異なるのも面白いし、さっぱりとした口当たりは食後に最適なので、試してもらいたいものの一つです。

Datt taglienti
ちょっと一言

### おいしく味わうには決して無理はしない

　魚介料理の名物店などではアンティパストの種類が豊富で、イカやらタコやらアサリやエビ、季節によってはシャコまでが次から次へと出てくるので、プリモまででおしまいになることも珍しくありません。店側もそうした対応をしてくれますので、事前にどんな料理が出るのか知っている人に紹介してもらうのがベストです。魚料理では日本人にもおなじみのイカやタコ、エビなどのほか、スズキやクロダイもよくメニューに登場するので、塩焼きなどで味わってみてはいかがでしょう。

# 26

工夫をして最後までイタリア料理を満喫しよう

## ● イタリア人でも昼・夜の緩急をつけて食事を楽しむ

　もう一つ注意したいのは、イタリアのレストランではアンティパストが終わったらプリモ、プリモが終わったらセコンドと、食事の段階ごとに次の料理を出されます。日本でお酒を飲む人がするように、ワインばかり飲んで食べ物にほんの少ししか手を付けないようなことをしていると（特にプリモでは）次の料理が出せません。同じテーブルを囲むメンバーに迷惑がかかることは頭においておきましょう。

　いずれにしても、前菜から始まって食後のコーヒーまで優に 2 時間はかかりますから、昼も夜もフルコースを食べるなんて通常はイタリア人でもしません。昼にフルコースを食べたら夜はピッツェリアで軽く済ませるとか、逆に夜にフルコースを控えているなら、昼はパニーニやピッツァで済ませるなどの工夫をしないと、最初のころこそ頑張ってすべて食べ尽くしても、旅の終わりには疲れで胃が受け付けなくなることもあるかも知れません。

　もしも全部食べるのは大変そうだなと思ったら、アンティパストを省略して、プリモのパスタとセコンドの肉か魚だけと注文することはもちろんできますし、プリモのパスタを頼んで、セコンドにアンティパスタのサラダとか生ハムを頼むと言う裏ワザもあります。実際にイタリア人もそうやって頼んでいたりします。楽しいイタリア旅行がつらいものになってしまわないよう、うまく工夫をして最後までイタリア料理を大いに楽しみましょう。

# イタリア人は爪楊枝がお好き？

　日本で爪楊枝がテーブルに置いてあるのはごく普通ですが、欧州でもイタリアのレストランにはなぜか当然のように爪楊枝が置いてあります。あまり意識したことはなかったのですが、スーパーマーケットで爪楊枝の棚を見たときには、そのネーミングに感動を覚えました。

　イタリア爪楊枝業界のトップは、どうやらどこのレストランでも見かけるサムライ・ブランドのようです。たいていのスーパーマーケットには置いてありますし、棚のスペースも最大。以前はこのサムライに芸者印のサヨナラが対抗していたのですが、その後登場した和装女性のオーサカに押され気味。さらに、カラテやコーベ、更にはパンダも登場して、日中の名前が入り乱れ、爪楊枝業界もなかなか競争が激しいようです。

　新たなブランドも増えており、ニッコーとコーチの二つのブランドをコレクションに加えました。どちらも日本の日光と高知から取った名前ですが、そんな名前を付けた理由は多分イタリア語の語感が良いからなのでしょう。

　以前見つけたゲイシャやサヨナラも日本のイメージそのものですが、京都、神戸、大阪、さらに日光、高知となるとイタリアの爪楊枝業界では日本の地名の争奪戦が相当厳しくなっているのではないかと思うのです。長年の間に爪楊枝の本場は日本というイメージがイタリアではおおよそ確立してしまったのでしょう。ファッション業界さながらに、イタリアの爪楊枝業界でもブランドで差別化を図るために、爪楊枝メーカーの担当者が日本地図を目の前にしてウンウン頭をひねっているのでしょうか。何やらほほえましい光景でもあります。

## 27 お米のリゾットもパスタ？ パスタの種類を知っておこう

### ● パスタを注文の際には注意を

パスタについてもう少し述べてみたいと思います。パスタはスープが陸に上がった姿と言いましたが、実際にパスタがスープに入っている料理もイタリアでは見かけます。

北イタリアのボローニャ名物のトルテリーニ・イン・ブロードなどが典型的ですが、ここで一つご注意を。日本ではパスタ＝スパゲッティの意味で使われている場面にしばしばお目にかかりますが、イタリアではこの言い方は通じませんのでご注意を。もしレストランで、○○のパスタをくださいと注文すれば、店のスタッフは？？？となるはずです。100％間違いなく「どんなパスタをご希望ですか」と聞かれることでしょう。

### ● パスタの種類をはっきりさせる

スパゲッティはパスタの一つの種類にすぎません。パスタには形によってスパゲッティに代表される長いパスタと、ペンネやオレキエッティ、トルテリーニのような短いパスタに分類されます。また、製法によって同じ長いパスタでも、スパゲッティやフェットゥチーネなどの乾燥パスタとタリアテッレやタリオリーニなどの生パスタに分けることができます。間にひき肉などをはさみ込んで食べるラザーニャなども生パスタの一種です。これらのパスタはすべて小麦（デュラム・セモリナという種類）で作られたものですが、これ以外にジャガイモから作られたニョッキ、北イタリアのアルプス山岳地帯ではソバ粉で作られたピッ

ツォケリというパスタもあります
し、お米のリゾットも広義のパス
タに含まれます。従って注文の際
には、パスタの種類をはっきりさ
せることを忘れないでください。

## ● スパゲッティにスプーンは使わない

　日本人が好むパスタのナンバー・ワンは間違いなくスパ
ゲッティですが、これを食べるときにイタリアではスプー
ンは使いません。なぜか日本のイタリア料理店でスプーン
が出てくることが多いのは、アメリカのイタリア料理店の
影響のようです。右手でフォークを持って、クルクルとス
パゲッティを巻きつけて食べるのが普通の食べ方なので、
ソバを食べるときのように長く垂らしてズルズルすすらな
いように。みっともないだけでなく、ソースが飛び散って
服が汚れたりしますので気を付けましょう。

知っ得情報 Informazioni

### スープはないの？

　イタリアのレストランでプリモにスープが出てくることはあまりなく、
日本でも外国のイタリア料理店でもおなじみのミネストローネにはなぜ
か一度もお目にかかったことはありません。イタリアのフリー百科事典
でもミネストローネの項目は未完成のまま。どうやらこの料理は典型的
な家庭料理で、各地方、各家庭でレシピが異なるためレストランではお
目にかかれないようなのですが、不思議なことです。

**28**
## レストランでの飲み物には水を頼んでもOK!

### ● 「ダ・ベーレ?」と聞かれたら

　レストランでの注文時に話が戻りますが、料理を注文し終わると必ず聞かれるのが、「ダ・ベーレ?」(「飲み物は?」)という質問です。日本人はビールを頼みたくなる人が多いのですが、イタリアではピッツェリアやバール以外でビールをあまり頼みません。通常、この質問の真意は「ワインや水はどうするの?」ということで、まずは堂々とミネラル・ウォーター(アックア・ミネラーレ＝acqua minerale)を頼みましょう。その際にガス入り(ガッサータまたはフリザンテ)か、ガスなし(ナトゥラーレ)なのか、はっきりすることです。ビールを頼んでも構いませんが、普通のレストランで生ビールを置いてあることはまずなく、瓶ビールしかありませんし、高級なレストランになるとビールは小瓶しかないところもあるくらいです。

### ● 無理にワインやコーラなどを頼まず水を注文

　もしお酒が飲めないなら、水を頼んでおしまいでも全く問題はありません。イタリアでは料理が主役なら、ワインはこれを引き立てる脇役のようなものですが、イタリア人でもお酒を飲めない人はいますし、昼食時などはレストランでも水しか頼まないビジネスマンが普通ですので、無理にワインやコーラなどを頼む必要はありません。イタリアの乾燥した空気の中で意外においしいのがガス入りの水で、これは飲み慣れると結構クセになりますし、さっぱりします。ビールのようにおなかにたまることもないので、

一度試してみてはいかがでしょうか。

　もちろんワインが好きな人はぜひイタリアの素晴らしいワインを味わってもらいたいと思います。レストランによっては 100 種類を超えるワインリストを持っているところもありますが、よく分からなければ、その日に注文する料理に合うワインを頼めば、店のスタッフがいくつかお勧めを選んでくれますので、その中から予算と好みで選べば間違いないでしょう。

## ◉ 地元のレストランでしか飲めないワインがある

　メインが肉なら赤ワイン、魚なら白ワインは基本ですが、赤ワインなら北部ピエモンテ州のバローロ（最高級）やバルバレスコ、中部トスカーナ州のブルネッロ・モンタルチーノ（最高級）やキャンティ、北部ヴェネト州のヴァルポリチェッラなどは、大体どこのレストランにも置いてあります。

　白ワインでは北東部のフリウリ州やヴェネト州で産するピノ・グリジョやソアーヴェなどもポピュラーですが、ワインには産地以外に出荷されず、地元のレストランでしか飲めないものも多くあります。そうしたワインがあれば日本では絶対に味わうことができないので、ぜひ試してみましょう。イタリアのワインについては多くの本も出ており、最近は日本での情報も充実してきましたので、旅行の前にある程度の基本的な知識を仕入れてから出かければ、楽しみが倍加することは間違いないでしょう。

# 29

## イタリアはワインがおいしい！でも、飲み過ぎにはご注意を

● 店のお勧めの料理にはハウスワインもぴったり

　注意しなければいけないのは、ワインは基本的に料理の脇役であり、引き立て役であることです。レストランでの主役はあくまで料理なので、料理を適当に頼んでワインだけは飛び切り高級という注文のしかたは本末転倒であり、邪道です。イタリアのワインの種類は大変多く、値段も千差万別。高いワインがそれなりにおいしいことは間違いないでしょうが、料理に合わないのであれば、せっかくのワインの価値も半減してしまいます。前項で、頼んだ料理に合うワインを店員さんに勧めてもらうという話をしましたが、それが面倒ならハウスワインを頼むのも一案。ハウスワインは、その店で主に出す料理に合ったワインを選んでおり、店のお勧めの料理を頼むなら、料理との相性が良いワインのはずだからです。

● 気楽に食事とワインを楽しめるのがイタリアの良さ

　イタリアでは専門のソムリエを見かけることは、一部の高級店を除いてありませんが、逆に言えば気楽に食事とワインを楽しめるのが良い点でしょう。ただワインを飲むのが主となって、料理はつまみのような食べ方で、やたらにワインの瓶を空にした挙句に、料理を食べ終わってからさらにワインを追加して飲み、大声で会話を交わすような飲み方は、レストランでは歓迎されません。ほかのお客にも迷惑となり大変見苦しいので避けてもらいたいものです。

　また、食事の後のグラッパやレモンチェッロのような食

後酒も、アルコール度が高いので通常は小さなグラスで一杯だけ飲んで消化を助けるというのが本来の飲み方です。これを何杯も飲んで足元がふらつくようなことは、避けましょう。

## ● レストランではほかのお客の迷惑にならないように

　最近は少なくなりましたが、日本人のグループの中には「旅の恥はかき捨て」という意識を持った人たちもまだ残念ながらいます。数年前にミラノの行きつけのトラットリアで出会った日本人のグループは、比較的若い人たちが多かったのですが、次から次へとワインを頼んでは、酔っ払って大声で話したり笑ったりで、周囲のお客から冷やかな目で見られており、日本人として居たたまれない経験をしました。店側にもちょっと文句を言ってもらいましたが、効き目がなく、楽しい食事が大変残念なものとなりました。

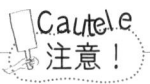
注意！

### 日本とは違うお酒事情

　海外で日本にいるのと同じような感覚で酒に酔うことは、その人の人格を疑われるだけでなく、街で犯罪に巻き込まれる危険もあります。イタリアでは人事不省になるような酔っ払いは警察に逮捕されることすらあるので、この点をわきまえ、楽しいイタリア旅行が台無しにならないよう、節度を持って食事とお酒を楽しみましょう。

# 30

## 旬の食材を楽しむ日本とも共通する季節料理と地方料理

### ◉ 季節の移り変わりを感じる旬の食材

　四季の豊かなイタリアでは、季節ごとの旬の食材を楽しむ習慣があります。日本のように初鰹を食べる習慣はなくても、旬の食材を楽しむ感覚は日本とも共通します。ミラノに在住していた四半世紀前のことですが、春先に出るアスパラガス、初夏に出てくるサルデーニャ産のトマト、夏のスイカ、秋の味覚の代表ポルチーニ茸、クリスマスが近づくと現れるお菓子のパネトーネなどに季節の移り変わりを感じたものです。

### ◉ その季節にしか手に入らない食材を使う

　食にこだわりの多いイタリアでは、レストランでもこの季節感を大切にしており、基本的にその季節にしか手に入らない食材を使っています。魚介類では冷凍物を使う場合もありますが、その場合必ずメニューに表示（congelatoと書かれている）することが義務付けられていて、メニュー上で新鮮な素材かどうかを見分けることができます。日本人に人気の前菜、生ハムメロンも新鮮なメロンが手に入らない秋から冬にかけては登場しませんが、その代わりにイチジクと生ハムを一緒に食べることもあります。

### ◉ 季節を感じさせる食材がメイン料理に

　季節を感じさせる食材はやはり野菜や果物で、春になると新鮮なアスパラガスがレストランにも登場してきます。秋の味覚ポルチーニ茸と同様、面白いのはこれらの食材は

肉や魚と並んでいずれもメインの料理、つまりセコンドとしても食べることができる点です。ポテトやブロッコリーなどの野菜が付け合わせ（コントルノ =contorno）以上になることがないのに、この特別扱いはやはり旬の食材だからでしょうか。

## ● 「お好みの調理方法で」というメニュー

季節の食材がメニューに「アスパラガス〜お好みで」（asparagi a piacere）と書かれていることがあります。ポルチーニ茸の場合も同様ですが、これは「お好みの調理方法で」という意味なので、もしメニューに書かれた通りに「アスパラジ　ア　ピアチェーレ」と頼むと「はあ？？」という顔をされて、「では、どんな調理法にしますか？」と聞き返されてしまうのでご注意を。アスパラガスならビスマルク風（目玉焼きを上にのせてグリル）、ポルチーニ茸ならグリルやジェノベーゼ・ソースあえなど、いくつかのバリエーションがあるので、そうした調理法を指定するか、店のお勧めの調理法を聞いてそれを味わうのも楽しみです。

## ● 南部と北部の料理のバリエーションの違い

南北に長いイタリアでは、日本と同じように地方により様々な料理のバリエーションがあり、とてもここでは紹介しきれませんが、スパゲッティもピッツァも基本的に南部のナポリ周辺を中心に発達し、リゾットは北部のミラノと

**30-2**

旬の食材を楽しむ日本とも共通する季節料理と地方料理

トリノの間にある米どころで採れるコメを使った料理であることは覚えておいたほうが良いでしょう。ナポリ風のピッツァ（ピッツァ・ナポリターナ＝トマトをベースにしたピッツァ）やスパゲッティはあっても、ナポリ風のリゾットはありませんし、逆にミラノ風リゾット（リゾット・ミラネーゼ＝サフランで色付けしたリゾット）はあるけれど、ミラノ風スパゲッティは存在しません。

このように地名の付いた料理は結構多く、フィレンツェ風ステーキ（ビステッカ・フィオレンティーナ＝Ｔボーン・ステーキ）、ボローニャ風スパゲッティ（スパゲッティ・ボロネーゼ＝ひき肉入りのスパゲッティですが、メニューではラグーということが多い）などキリがありません。

料理の名前にジェノバ風（ジェノヴェーゼ）と言えば、バジルのペーストに松の実をオリーブ・オイルであえたソースを使った料理ですし、リボルノ風（リボルネーゼ）と名が付けば魚介類をトマト・ソースでちょっとピリ辛に煮込んだ料理になります。それぞれの特徴を知ると、料理を食べる楽しみもまた倍加します。

### 🍽 満腹になったら会計です

会計です。「イル・コント！」（" Il conto!"）と自分の席の担当スタッフに言えば、勘定書きを持ってきますので内容をチェックしてから支払ってください。後から水やワインを追加したときなど、たまに間違っていることもありますが、はっきり指摘すれば、普通はきちんと訂正してくれます。

### ● 支払い方法はどうする？

　現金での支払い時のチップですが、通常は勘定書きに**サービス料**（Coperto とか Servizio と書かれている）が含まれているので、お釣りの小銭数ユーロか５ユーロ、人数が多ければ 10-20 ユーロを担当スタッフに渡すかテーブルに置きます。

　クレジット・カードでの支払いでは、オンライン認証システムの端末を使うので、暗証番号の入力を要求されます。日本で暗証番号をあまり使わない人は、間違えないよう気を付けてください。入力を何度か間違えたために、出張中クレジット・カードが使えなくなり大変な目にあった旅行者もいます。くれぐれもご注意を。

---

**ちょっと一言 Dati taglienti**

### レストランからホテルに戻るのにタクシーを頼みたい

　店員に頼めばすぐに手配してくれます。ミラノやフィレンツェ、ローマなどの都会では無線タクシーが普及しており、手配してもらうと「○○の何番（例えばミラノの12番）が○分後に来る」というメモやプリントを渡されます。店の前でタクシーの到着を待ちます。タクシーのドアにその車の番号が書かれているので、確認してから乗車してください。タクシーは呼び出されたときから課金が始まりますが、こうして呼び出したタクシーなら安心。特に夜遅くなったときなどはタクシーの利用をお勧めします。

*Colonna*
## イタリアお役立ちコラム

# 女性の服装にはご用心

　ファッションの国イタリアでは、女性もさぞかしお洒落な格好をしているだろうと思われがちですが、街を歩く女性の服装は意外に地味です。イタリアでもリゾート地へ行けば開放的なスタイルで歩く女性はたくさんいますし、ミラノのファッション業界の女性などは目を奪うような着こなしをしていますが、一般的にイタリア女性の服装のスタイルは割合コンサバ（ベーシックな服装）と考えてよいでしょう。

　日本の女性の服装は実は世界的に見ても極めて開放的で、欧州から訪れた人たちが驚くこともしばしばです。特に渋谷や原宿での若い女性の恰好はかなり先進的、悪く言えばアブナイ服装なので、ミラノやローマ、フィレンツェ、ヴェネチアなどで若い日本女性が短いミニスカートやショートパンツで街中を歩くと、目立つだけでなくレイプや傷害事件などの犯罪を招く原因ともなりますので、絶対に避けましょう。膝丈のスカートやパンツスタイルであれば安心ですが、丈の長すぎるスカートも警戒心を引き起こしますので気を付けないといけません。

　教会などの宗教施設ではあまり肌の露出の多い服装だと入場を拒まれることがあります。夏であってもショートパンツや極端なミニスカートで教会には入らないことです。ノースリーブの人は薄手のジャケットなどを羽織れば問題ありませんし、真夏でもヒンヤリしている石造りの教会の中では役に立ちますよ。

街を歩く女性のファッションはベーシックなスタイルが多い

# 第6章

## イタリアてくてく街歩き

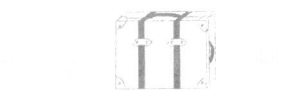

**32**

都市は放射状の構造をしているので規則に従って歩けば安心

### ● 標識に従っていけば、町の中心部に出る

イタリアの多くの都市はローマ時代から2000年も続く古い歴史を持っており、ドゥオモと呼ばれる教会のある広場を中心に放射状に広がる構造をしていると思っていれば、まず間違いはありません。従って道に迷ったら「チェントロ（Centro）」と書いてある標識に従っていけば、その町の中心部に出ることができるのです。多くの町では中心部から半径数キロのところをぐるりと取り囲むように城壁が造られていますが、これは中世までこれらの町が都市国家だった時代の名残です。昔はこの城壁の中だけが安心して生活できる自分たちの国で、城壁の外側は恐ろしい敵が攻めてくるところだったわけです。この城壁の中で町が発展していったため、城壁内の旧市街に見どころが多くあるのは、当然なのでしょう。

### ● ミラノに残る城門は地名となっている

ローマ、ミラノ、フィレンツェなどの主要都市では、古くはローマ時代から中世に至る時代に建造された城壁が今でもはっきりとした形で残されています。海に囲まれたベネチアはちょっと特殊な都市なので、この例には当てはまりませんが、ベネチアが本土とつながったのはつい100年余り前の話なので、それまでは海が城壁だったと言えるのかも知れません。また、山が海に迫っているナポリは、天然の要害と言える地形なのではっきりとした城壁は見当たりませんが、市街地を見下ろす山の上や、海岸線沿いに

城塞がいくつも建てられており、今では重要な観光スポットになっています。

　地図はミラノの市街地図で真ん中のAの印があるところが中心部のドゥオモ広場で、ここをぐるりと囲む太い線が旧市街の城壁です。現在ではこの城壁は大部分が撤去され、外周道路となっていますが、各方面に向かう街道が城壁をくぐるときに通る城門が残っており、地名となっています。

　ポルタ・ベネチア、ポルタ・ロマーナなどは、それぞれベネチア方面、ローマ方面に向かう**ポルタ（porta＝門）**が設けられたところで、今でも大きな石造りの関所のような門が残されています。ミラノに限らず、イタリアの町を歩いていて旧市街と外を結ぶ大きな門に出たら、城壁の外の目的地に行くのでない限り、いったん街中に戻らないと道に迷う可能性が高いので、気を付けましょう。

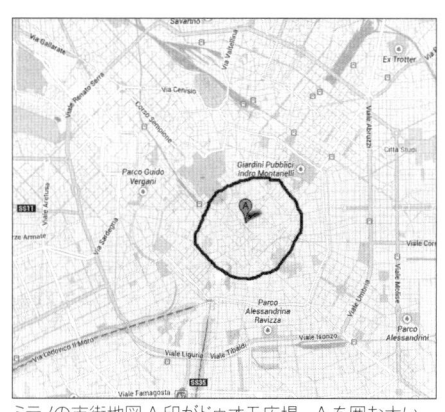

ミラノの市街地図 A 印がドゥオモ広場。A を囲む太い
線が旧市街の城壁（Google 地図より作製）

# 33

## 住居表示のルールが分かればどこでも行ける

### ● イタリアの町の構造を知っておこう

イタリアの町の住居表示は大変シンプルです。通りの名前の後に付いている番号が住所なので、それをたどっていけば間違いなく目的の建物に到達できます。イタリアに限らず、欧米諸国はどこもほぼ同じ方式で、名前が付いた道の片側に奇数、反対側に偶数の番号が割り当てられています。中心部から放射状に外に延びている道路であれば、通常町の中心部に近いところが最も若く、中心から離れるに連れて番号が多くなっていきます。従って中心部の位置を把握しておくと、目的地の場所も大体見当がつくというわけです。

### ● 一筋縄ではいかないのがイタリア

それなら簡単と思われるでしょうが、そう一筋縄ではいかないのがイタリアです。まず目指す通りの名前はどう調べるかを判断しなければなりません。**イタリアでの通りの名前はヴィア（Via）○○とか、コルソ（Corso）○○とか名付けられており、頭に付くヴィアやコルソなどは「通り」の意味なので、その後が地名になります。**ミラノの有名なセレクト・ショップで「10　コルソ・コモ」という店がありますが、これなど住所がそのまま店の名前になっています。コモはミラノから40キロほど離れた都市ですが、このようにほかの都市の名前が付いた通りや広場は数多くあります。

## ● 人名の通りはちょっと複雑

　都市名なら比較的簡単なのですが、面倒なのは人名です。とにかく裏通りや行き止まりの道路に至るまで道路という道路に名前が付けられているので、使われている名前もルネサンスの偉人から最近の政治家まで様々です。ルネサンス期の芸術家ミケランジェロの名前は誰でもご存じでしょうが、フルネームがミケランジェロ・ブオナロッティであることは意外に知られていません。ミラノ市内には彼の名前を冠したミケランジェロ・ブオナロッティ通りがあるのですが、タクシーに乗ってこの通りに行くには、ヴィア・ミケランジェロと言ったのではダメで、ヴィア・ブオナロッティと言わなければ通じません。今はスマホの地図アプリもあるので、こんな知識がなくても困ることは少なくなりました。

### Cautele 注意！

#### ややこしいのは色々な記念日の通り名

　イタリアの解放記念日である 4 月 25 日を冠した 4 月 25 日広場という場所があり、地図でも現地の標識でもローマ数字の 25 を使って XXV APRILE と表されます。この場合は、地図の索引では X ではなく、イタリア語の 25(venticinque) の頭文字 V の項目を引かなければならず、タクシーの運転手にもヴェンティチンクエ・アプリーレと言わないと通じません。ローマ数字は日本人にはややこしい存在ですので、結局頼りになるのはスマホの地図アプリになりそうです。

## 34

三浦流イタリア世界遺産の旅　知っておくと役立つイタリア史の基礎知識

### ● イタリアの歴史の流れ

　イタリアで訪れることが多い、ローマ、ナポリ、フィレンツェ、ベネチア、ミラノなどの都市の中心部はほとんどが歴史的建造物で占められており、ユネスコ世界遺産に登録されているところもあります。日本の都市の中心部とは全く異なる外観のこのような中心部はチェントロ・ストリコ（歴史的中心部）と呼ばれて道は狭く、居住者やタクシー以外の車の乗り入れを規制しているのが一般的です。中心部の歴史的建造物を見学する際に役立つ予備知識をいくつか説明しましょう。

　こうした場所を訪問するのに、まず頭に置いておいたほうが良いのが、イタリアの大雑把な歴史の流れです。

　日本からイタリアを訪問する旅行者が知っておいたほうが良いイタリア史の区分を、独断であげれば次の5つの時代でしょう。この中でも古代ローマとルネサンスは特に重要で、イタリアを旅すれば間違いなく、どちらかの時代に造られた建物や美術作品を見ることになるので、この二つの時代について簡単な予備知識を仕入れておくと、理解が深まることになるでしょう。

**●エトルリア**：紀元前8世紀から紀元前1世紀ごろまで。日本の世界史ではほとんど教えられることのない時代で、ローマ時代より以前に現在のイタリア人とは異なるエトルリア人が残した遺跡が、今でも各地に点在しています。
**●古代ローマ**：エトルリアと抗争しながらもローマが共和

国を建国した紀元前 5 世紀ごろから、ローマ帝国が東西に分裂する 4 世紀ごろまで。最盛期には西は現在のスペイン、イングランドから東はシリア、エジプトに至る地中海全域を支配しており、当時の最高水準の土木技術で造った石造りの街並みや水道橋、円形劇場などの遺跡をローマだけでなく、各地で見ることができます。

●**中世**：5 世紀ごろから 13 世紀ごろまで。ローマ帝国崩壊後、イタリアはゲルマン民族やノルマン人、イスラム教徒など様々な異民族の侵入を受け、暗黒の時代を迎えますが、十字軍の遠征などを通じて当時の先進国だったイスラム系の学者を通じて流入した知識が、ルネサンスを形作る伏線となりました。

●**ルネサンス**：14 世紀から 16 世紀まで。この時代の中心は何と言ってもフィレンツェです。13 世紀以来、織物工業で栄えたフィレンツェは、15 世紀のメディチ家の支配を通じて大いに発展し、ローマ法王を輩出するほどでした。

● **近世**：17 世紀から 19 世紀初めまで。16 世紀に入るころにはイタリアの南半分はスペイン（ハプスブルグ家）に支配され、その後支配者が次々と変わる複雑な歴史をたどります。北部はドイツ（神聖ローマ帝国）やスペイン、オーストリアの支配を受け、19世紀にはフランスのナポレオンが攻め込むなど歴史の流れに翻弄されます。ナポリ市街に残る異なる時代様式の建物やミラノのドゥオモのゴシック様式も、こうした支配者の変遷の影響を受けたもの。このような流れが 1860 年代のイタリア統一へとつながっていきます。

# 35

三浦流イタリア世界遺産の旅　自然遺産と文化遺産

## ● 世界遺産の宝庫、イタリア

　イタリアには世界で最も多い 60 件（2024 年 12 月現在）のユネスコ登録世界遺産があって、北はスイス国境沿いから南はシチリア島に至るまで全国に分布し、1 件の登録で数か所以上にわたる登録物件もあるほどです。最近でこそ世界遺産が注目され、世界遺産を訪ねるツアーなども組まれるようになりましたが、実際にイタリアで名所旧跡や遺跡などを見て回れば、その多くは世界遺産に登録されていることに改めて気付かれることでしょう。イタリアの世界遺産の中で半分ほど行ったことがある経験を生かして、ここではイタリアの世界遺産を訪問するときに役立つ予備知識を紹介しましょう。

## ● イタリアの世界遺産の多くは文化遺産

　歴史の長いイタリアとあって、60 件の登録世界遺産のうち 6 件の自然遺産を除き、残りはすべて文化遺産となっています。文化遺産の多くは歴史的建造物や都市の歴史的地区（いわゆる旧市街）となっており、これを見ただけでもイタリア国内での歴史的な厚みを想像できるのではないでしょうか。イタリアを訪れる日本人の多くは、ローマ、バチカン、フィレンツェ、ベネチアなどを訪れますが、これらの都市では街の中心部が丸ごと世界遺産に登録されているのです。

　一方の自然遺産ですが、2024 年 12 月現在登録されている 6 件は、2000 年に登録されたシチリア島の北にある活

自然遺産のドロミーティ山塊には岩山が広がる

火山イオリア諸島、シチリア島の最高峰エトナ山の 2 件が南部、スイスとの国境にあるサンジョルジョ山とドロミーティ山塊、それにブナの原生林の 3 件が北部、2023 年登録の北アペニンの蒸発性カルストと洞窟は中北部とあちこちに分布しています。いずれも日本人観光客の通常の周遊ルートからかなり離れた位置で、ハイキングやスキーなどの目的がない限り行きにくいところです。ミラノ在住中にドロミーティで山登りをしたことがありますが、日本で見られないような雄大な景色は素晴らしいものでした。ただいずれの自然遺産も、一週間から 10 日ほどの旅行日程では、せいぜい 1-2 日しか訪れることができません。もし行かれるのであれば、他の都市と組み合わせて訪問すると言うのではなく、これらの自然遺産に絞った旅行計画を立てることをお勧めします。それだけの価値があることは間違いありません。

知っ得情報

### 世界遺産とオリンピック

イタリアの自然遺産ドロミーティ山塊の中心部、コルティナ・ダンペッツォは 1956 年冬季五輪の開催地。開会式が行われた屋外スケートリンクにはメダリストの名前を記した記念碑があり、日本初の冬季五輪メダリスト、男子回転で銀メダルに輝いた猪谷千春の名前も刻まれています。2026 年にはミラノと共に再度冬季五輪を開催することとなり、また世界の注目を浴びることになりそうです。

# 36

三浦流建築豆知識 　基本的な建築様式を知ればより楽しくなる

## 🔵 教会建築の素晴らしさにうっとり

　ご存じの通り、イタリアにはカトリックの総本山バチカンがあり、国民のほとんどはカトリックというキリスト教国なので、国中至るところに教会があります。バチカンにあるサン・ピエトロ寺院やミラノのドゥオモ、フィレンツェのドゥオモ、サンタ・マリア・ディ・フィオーレ（花の聖母教会）などは世界でも有数のキリスト教会で、これらの教会をゆっくり見始めたらあっという間に一日が経ってしまうほどです。

　これらの教会の多くはルネサンス期に完成していますが、基本的な建築様式を頭の中に入れておくと、見学する際に参考になるでしょう。教会の建物は上から眺めたときに十字架の形になるように設計されています。多くの教会では十字架の下の部分が入り口になっており、十字架の交差する部分をその教会を建てる元となった聖遺物や聖人の墓の上になるように設計し、祭壇を置くのが普通です（バチカンのサン・ピエトロ寺院は典型）。サン・ピエトロ寺院やフィレンツェのドゥオモではこの交差部の真上に壮大なドームを載せており、脇の階段からドームの内壁を通じて頂上まで登ることができます。十字架の上の部分、つまり一番奥は内陣、後陣（アプス）と呼ばれる最も重要なところで、聖職者以外の入場を制限している教会も多くあります。また大きな教会になると礼拝堂と鐘楼を本堂とは別に建てているところもあり、有名なピサの斜塔はピサの大聖堂の鐘楼です。

建築様式は大変多様で、これだけで一冊の本が書けるほどですが、大きく分けるとビザンチン様式（東方の影響を強く受け、アーチとドームを多用）、ロマネスク様式（アーチが連続し軽快）、ルネサンス様式（半円アーチ窓が特徴）、バロック様式（豪華絢爛）、ゴシック様式（北方の影響が強く荘重重厚）などがあげられます。

　ビザンチン様式の典型的な教会としてはラベンナのサン・ヴィターレ教会やベネチアのサン・マルコ寺院があり、いずれも東ローマ帝国との関係が深かったところで、内部のモザイクは見事なものです。ロマネスク様式の代表的な教会はピサの大聖堂、バロック様式ではバチカンのサン・ピエトロ寺院、ゴシック様式ではミラノのドゥオモをあげることができるでしょう。アッシジのサン・フランチェスコ大聖堂は、上部がゴシック様式、下部がロマネスク様式となっており、フィレンツェのドゥオモはルネサンス様式とゴシック様式が融合しているなど、きれいに分類できるものではありませんが、それぞれの教会建築が素晴しいことは言うまでもありません。

Dati taglienti ちょっと一言

### 教会ではマナーを守って

　外部の美しさだけでなく、内部のフレスコ画やモザイク画、ステンドグラスなどにもぜひ目を向けてください。それからもう一つご注意。教会は礼拝の場です。ミサを行っているときはもちろんですが、行っていないときでも静かに礼拝をしている人が多いので、中で大声で話すことは謹みましょう。

# 37

三浦流建築豆知識　ローマ数字を読んで建造年を知ろう

### ● 建物のラテン語がきっかけに

　イタリアの町を歩いていると至るところで教会や立派な建造物にお目にかかりますが、正面の梁にラテン語で言葉が刻まれていることがあります。古代ローマで使われていたラテン語など自分には分かるはずもないと思い気にも留めなかったのですが、あるとき、その一部が年号であることに気付きました。どうやらその建物の建造年を示しているようです。

### ● 謎解きは楽しい

　写真はミラノの中心部、ドゥオモから歩いて 5 分ほどのところに建っている教会のファサード（正面）ですが、柱の上のほうに 'DEDICATUM S.CARLO MDCCCXLVII' と書いてあるのが分かるでしょうか。最初の DEDICATUM は「捧げる」と言った意味のラテン語で、サン・カルロという聖人のために建てられた教会であることが分かります。次の MDCCCXLVII がローマ数字で 1847 年を表しています。つまりこの教会の建造年は 1847 年、まだオーストリア・ハンガリー帝国がミラノを支配しており、ミラノ市民がオーストリア支配に対して蜂起する直前に建てられたことになります。

　ここで謎解きです。なぜ MDCCCXLVII が 1847 なのでしょう。皆さんも 1，2，3，4 がローマ数字では I,II,III, IV と表されることは、時計の文字盤などでご存じでしょう。時計では 12 までしかありませんので、XII で終わってし

ドゥオモから歩いて 5 分ほどのところに建っている教会の文字

まいますが、実はその先がまだあるのです。

　時計の例で言えば V=5、X=10、これらの文字の左に I が来て IV, IX となれば 5 と 10 からそれぞれ 1 を差し引いて 4 と 9 を表し、右側に I が来て VI, XI となれば、それぞれ 1 を足して 6、11 となります。同じ原理がもっと大きな数字でも応用できるのです。

　ローマ数字では X=10 の上に L=50、C=100、D=500、M=1000 と続きます。つまり、前記の例を分解すると MDCCCXLVII ＝ 1000+500+100x3 +(50-10)+5+2=1847 ということになるわけです。この方式で言えば 2025 年は MMXXV となります。ややこしいですが、覚える数字は 7 種類しかないので、一度覚えてしまえば簡単です。

　現在使われている 1, 2, 3 という数字は「アラビア数字」と呼ばれますが、インドで発明されたこの数字がアラビア経由でイタリアに入ってきたのは中世以降のようで、それまではこのローマ数字を使うほかなかったわけです。

# 38

三浦流建築豆知識　イタリアの隠れた伝統芸術、だまし絵を満喫

## ● 大いにだまされてみよう

イタリアの伝統的な技法の一つとして、「だまし絵（騙し絵）」があります。ローマのサンティニャツィオ・ディ・ロヨラ教会やミラノのサンサティロ教会などが有名ですが、それ以外にも各地でだまし絵の技法が使われているので、あなたも知らずにだまされているかも知れません。サンサティロ教会はミラノのドゥオモ広場から歩いて数分のところにある小さな教会ですが、入るとその奥行きの深さに驚かされます。ところが中心部にある祭壇から奥は立体的に描かれただまし絵で、実際の奥行きは祭壇から数メートルしかありません。ミラノの中心部にありながら、訪れる人は少なくだまし絵をゆっくり楽しめる穴場と言えましょう。

## ● いくつ発見できるか、だまし絵の村で探索

イタリアの北西部にある港町ジェノバからリグリア海沿いに30キロほど行ったところにカモッリという小さな漁村がありますが、ここはだまし絵の村としてちょっと知られています。山が海に迫った狭い土地に肩を寄せ合うようにぎっしりと建物が建っているのですが、建物の窓がすべて本物というわけではありません。まるで本物のように見事に描かれた窓がたくさんあるので、遠目から見ると全く分からないのです。同じように建物に描かれた窓は、ミラノの市内でも見つけたことがありました。

建物の窓なら比較的分かりやすいのですが、バチカンで

建物と同じデザインがシートに描かれている工事現場
（フィレンツェ）

見事にルネサンスの画家ラファエロにだまされたことがあります。今はバチカン美術館として公開されている建物にヘリオドロスの間と言う部屋があり、ここは周りを囲む壁四面がラファエロのフレスコ画で飾られています。その一面の「ペテロの解放」という聖書の物語を描いたフレスコ画には、鉄格子の向こう側に囚われて眠っている使徒ペテロと助けに来た天使が描かれているのですが、てっきりラファエロの描いた絵の手前に本物の鉄格子がはめ込まれているのだと思っていました。ところが、この鉄格子もラファエロの絵の一部だと後から聞いて仰天。それだけラファエロの絵が真に迫っていて素晴らしいということです。

## ◉ 今でも続くだまし絵の伝統

　このだまし絵の伝統は今も受け継がれており、頻繁に見かけるのは工事現場の防護壁やシートにその建物と同じデザインが描かれているケースです（写真はフィレンツェ）。

　特にフィレンツェやローマなどの史跡の多い町では、無粋な防火シートやむき出しの足場ではなく、だまし絵の防護壁をしばしば見かけますので、イタリアに行った際にはぜひ注意して探してみてください。

# 39

三浦流イタリアの歴史と美術鑑賞のヒント　美術館は予約するのが安心

## ● 事前予約がないと入場できない美術館も

　イタリアを回る楽しみの一つが各地に点在する美術館巡りですが、ローマのバチカン美術館とボルゲーゼ美術館、フィレンツェのウフィッツィ美術館、ミラノの「最後の晩餐」（サンタ・マリア・デッレ・グラツィエ教会）などは人気が高く、訪れるのであれば事前に入場予約をしておくことをお勧めします。特にミラノの「最後の晩餐」は、入場スペースが大変狭く人数制限を行っているため、基本的に事前予約がないと入場できません。

　そのほかの美術館については、予約がなくても列に並んで入ることもできますが、季節により混雑の度合いがかなり異なります。年間を通じて観光客が多いイタリアですが、比較的空いているのは11月から2月ころまでの冬期（ただしクリスマス～年末年始の時期は除く）なので、この時期であれば予約がなくてもスムーズに入れる可能性が高いと思われます。ただし、クリスマスや1月1日は美術館も休館となるので、事前にホームページなどで開館日を確認しておくほうが安心です。

## ● 事前予約の方法はたくさんある

　事前予約をする場合、各美術館のホームページから直接予約をする、JTBやHISなどの旅行社を通じて予約する、現地のエージェントを通じて予約する（「イタリア美術館」「予約」などで検索すると沢山見つかります）、宿泊ホテルのコンシェルジェに依頼する、などの方法があります。い

ずれの場合も、本来の入場料以外に手数料やコミッションがかかりますので、自分の行きたい日時と予算をよく確認しながら予約手配を進めてください。ホームページでの予約の場合、残念ながら日本語のサイトはなく、イタリア語か英語のサイトのみとなります。ご参考までにフィレンツェのウフィツィ美術館の英文予約サイトの写真を掲載しておきます。自分が訪問したい日時と人数などを選択して予約する方式で、他の美術館でもおおよそ似たようなスタイルで予約ができます。順番待ちをスキップできる予約チケットもありますので、決める前によくサイトの説明を読みましょう。

　外国語での予約に不安があるなら、無理せずに日本の旅行社やイタリア在住の日本人が運営する予約サイトで予約を入れるのが最も安心でしょう。

### ■バチカン美術館の予約サイト

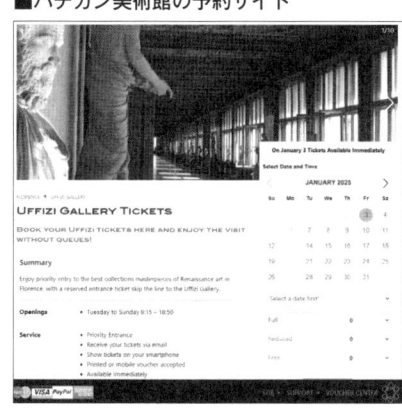

カレンダーの購入可能な日付をクリックして予約

# 40

三浦流イタリアの歴史と美術鑑賞のヒント　古代ローマ

## ● 現代に生きる遺跡の数々

　狼に育てられたレムルスとロムスの兄弟による建国の伝説が残るローマでは、市内のあちこちで狼の乳を飲む幼子の兄弟の銅像を見ることができます。紀元前5世紀ごろ都市国家として建設されたローマは広大な帝国を築き上げました。

　領土を拡大したローマ帝国がまず行ったのはインフラの整備、つまり公共事業。「すべての道はローマに通ず」の格言通り、各地からローマに至る石畳の街道、主要植民都市の城壁や水道施設を整備しました。これらの遺跡や構造物はイタリアのみならず、スペインやドイツ、英国南部など旧ローマ帝国の支配下にあった各地に残っており、現在の地図でもローマ時代に造られた直線的な道路を確認することができるほどです。

　ローマ近郊のカラカラ帝浴場や石畳のアッピア街道、ローマ市内のコロッセオ（コロシアム）などはその代表的な施設です。北イタリアのベローナにあるアレーナと呼ばれる大競技場は、築2000年の今も現役で活躍しており、毎年夏の野外オペラの会場に使われています。

　ローマ帝国の大規模な遺構として見逃せないのが、ポンペイ遺跡。数キロ四方にわたる町が紀元79年の噴火により、そっくりそのまま火砕流の下敷きになったことで保存された極めてユニークな遺跡ですが、2000年近く前に水道や排水溝を整備していた街並みを目の当たりにすると、当時の文明の発展ぶりに驚くばかりです。

### ● メディチ家の遺産フィレンツェ

暗黒の中世と呼ばれる長い停滞の時代を抜けて登場したのがルネサンス期。この時代の中心はフィレンツェを置いてほかにはありません。13世紀以来織物工業で栄えたフィレンツェは、15世紀のメディチ家による支配を通じて大いに発展しました。現在フィレンツェの旧市街にある建物の多くは、この時期に建てられたもので、中にはホテルとして使われているものもあります。フィレンツェ市内では至るところで、盾に丸い玉がいくつも付いたメディチ家の紋章を見ることができ、メディチ家の影響がいかに大きかったかを今でも知ることができます。フィレンツェ市内の中心部にあるウフィッツィ美術館はもともとメディチ家の事務所だった建物を使用しており、ルネサンス美術の傑作の多くはここと、川向こうの丘の上にあるピッティ宮殿に収められ、一般公開されています。

### ● ミケランジェロやダ・ヴィンチの活躍を目の当たりに！

カトリックの総本山バチカンのサン・ピエトロ寺院もルネサンス期に建て替えられたもので、ミケランジェロが建設に携わったこともありました。サン・ピエトロ寺院の中にあるミケランジェロの彫刻ピエタは有名ですが、法王選出選挙が行われるシスティナ礼拝堂の壁画と天井画も負けず劣らず有名です。

ルネサンス期には、南のナポリ王国、中部の法王領に対し、北イタリアはフィレンツェ共和国、ベネチア共和国、

三浦流イタリアの歴史と美術鑑賞のヒント　ルネサンス

**41-2**

三浦流イタリアの歴史と美術鑑賞のヒント　ルネサンス

ミラノ公国などの都市国家が群雄割拠の状態でした。各国の領主がパトロンとなってルネサンス期に輩出した芸術家や建築家を保護したお陰で、現在彼らの作品の多くを見ることができるのです。

　ちなみにミラノのドゥオモ（大聖堂）の建設が始まったのは、やはりルネサンス期の15世紀で、レオナルド・ダ・ヴィンチがミラノ公国のヴィスコンティ公爵の元で働いていたときでした。

　ミラノにあるレオナルドの傑作「最後の晩餐」はこの時代に描かれたものですし、ドゥオモ建設のための石材を運ぶための運河開削は彼の設計になるもので、今でもミラノ市内にその一部が残っています。

### ◉ ひと味違うミラノの街並み

　ミラノはローマ時代以前から続く古い都市ですが、ゲルマン系のロンゴバルド族の侵攻を受けたり、神聖ローマ帝国に攻撃されたり、さらにフランス、スペイン、オーストリアなどに支配される時代が19世紀半ばまで続きました。従ってミラノ市内にローマ時代から残る遺跡はごくわずかで、現在のミラノの街並みの多くはイタリア統一前後の1800年代半ば以降に整備されたものです。

　その点では同時期に街並みが整備されたパリと似ており、ほかの都市とは違い、ミラノの建物は比較的新しいと言えるでしょう。

## ● 宗教画はキリスト教のマーケティング・ツール

　イタリアの美術館などで見るルネサンス期以前の絵画はほとんどが宗教画で、キリスト教会の依頼で描かれたり、教会に寄進されたりしたものです。現在でも多くの教会には名立たる画家の絵画やフレスコ画（壁画）が保存されているので、絵画に興味がある方は、自分の興味のある画家の作品がある教会にも行ってみてはいかがでしょうか。

　特に壁画は普通の絵画や彫刻と違い動かすことができないので、それが描かれた教会に行かないと見ることができません。バチカン・システィナ礼拝堂の最後の審判やミラノの最後の晩餐、フェラーラのモザイク画、パドバ・スクロベーニ礼拝堂のフレスコ画などが代表的ですが、その一つだけでも訪れれば迫力に圧倒されるでしょう。

　キリスト教に関わるテーマを題材とした絵画が宗教画ですが、旧約聖書や新約聖書の有名なエピソード、あるいは著名な聖人の逸話に題材を取ることが多いのは、文字を読めない一般大衆にキリスト教の教えを普及させるという目的があったのでしょう。イエス・キリスト以前を描いた旧約聖書では、天地創造、アダムとイブ、ノアの箱舟などが比較的多く描かれるテーマです。新約聖書の題材では、受胎告知、イエスの誕生、東方の三博士の来訪、聖家族（聖母マリア、ヨハネ、イエス）、殉教、最後の晩餐、十字架からイエスの降架、イエスの復活などが多く見られます。異なる画家が描いた宗教画、例えば「最後の晩餐」といったテーマが、画家によってどう違う描き方をされているかに焦点を絞って鑑賞するのも面白いと思います。

# 43

## BARを活用すればイタリア旅行の達人

### ◉ バールを使いこなそう！

イタリアには日本のようなコンビニはありませんが、その役割の一部を果たしているのが街のあちこちで見かけるバール（BAR）です。

バールとは英語のバーをイタリア語にそのまま取り入れた表現ですが、実は発音だけでなくその中身も全くと言ってよいほど異なります。日本のバーのイメージでバールを見ると誤解を生むだけではなく、バールを使いこなせずに終わってしまうのでもったいない限りです。

### ◉ 焼きたてのクロワッサンで朝食を

イタリアのバールに入るとまず目に付くのが店の奥に続く長いカウンター。その後ろにはずらりとお酒の瓶が並んでいるので「ここはお酒を飲む場所なのね」と思ってしまうのも無理はないのですが、実際にはその手前に置かれたエスプレッソ・マシンが大活躍しているのが普通です。

イタリア人にとって朝食代わりのカプチーノやカフェ・ラッテを飲む場所の一つが、自宅やオフィスの近所にあるバールなのです。従って、バールの開店時間は意外に早く、朝6時ごろから焼きたてのクロワッサン（ローマではコルネット、ミラノではブリオッシュと呼ばれる）を食べさせてくれるところもあるのは、日本のバーとはかなり違います。

タバッキ（Tabacchi＝タバコのこと）と黒地に白抜きの看板が出ているバールはタバコ販売の許可を持っている

バールで、ほかにも切手やトトカルチョのチケットなども売っています。自宅や友人宛の絵葉書に貼る切手をバールで買い外のポストで投函できるのは便利です。さらに地下鉄やトラム、バスの乗車券・回数券も売っていたり、スマホで使える SIM カードを売

バールの外に掲げられた「タバッキ」の看板

るバールもあって、コーヒーを一杯飲みながら手軽に用事を済ませられるのは、コンビニと同じ便利さです。

## 街歩きには欠かせないバール

バールにはパニーニ（サンドイッチ）などの軽食も置いてあり、小腹が空いたときに気軽に利用できるのもありがたいものです。基本的にカウンターでの立ち食いですが、テーブルと椅子が用意されているところもあり、その場合スタッフが注文を取って持ってきてくれ、同じものを頼んでもカウンターでの立ち飲み・立ち食いより多少値段が上がります。サービス料プラス場所代と考えればいいのでしょうか。

日本とは違う習慣なのでちょっと注意しましょう。もちろん、カウンターの後ろにあるボトルから、夕食前に食前酒を軽く一杯飲んで一日を締めくくるのも、バールの大切な役割です。

# 44

## 片言のイタリア語でも堂々と話してコミュニケーションをとろう

### ◉ 日本人の多くは英語を話せる

謙虚な日本人は、外国人に対して「私は○○語が話せます」ということがあまりありません。でも、日本人は中学・高校で英語を習っています。少なくともグッド・モーニングとか、イングリッシュとかジャパニーズという英語を聞いて分からない日本人はまずいないでしょう。ところがイタリアでは、この程度の単語を知っていればもう「英語を話せる」という人が多いのです。もしイタリア人が「オレは英語を話せるぜ」と言っても、実際に英語で話しかけたらしどろもどろという経験は何度もあります。イタリア人の名誉のために付け加えると、もちろん見事な英語を話すイタリア人も多くいることは言うまでもありません。

### ◉ 堂々と話せば相手は必ず聞いてくれる

「英語ができない」と言っている日本人のほうが「英語ができる」と言っているイタリア人よりも英語を分かっていることが多いのは、おそらくそれぞれの国民性の違いによるものでしょう。「郷に入れば郷に従え」で、イタリアに行ったなら「英語もイタリア語もできません」などと言わず、単語をつなげた片言の英語であろうが、同じような片言のイタリア語であろうが、堂々としゃべってしまえば相手は必ず聞いてくれます。

日本人の外国語は英語から入ることが多く、発音の難しさから人前で外国語を話すのをためらう人が多いのですが、イタリア語の発音は日本人にとって大変簡単です。ポ

イントは、恥ずかしがらずに元気よく、はっきりと声を出すこと（口の中でボソボソ言ったのでは通じません）、抑揚をつけてアクセントをはっきりさせることです。アクセントの位置は聞いているうちに段々慣れます。聞き返されたらアクセントの位置を変えて聞き直すだけの話です。旅行中の会話で文法を気にする必要はありません。言葉は相手に自分の意思を伝え、相手の意思を理解する道具なので、通じればいいのです。例えばレストランやショッピングなどで使うキーワードはごくわずかですので、極端に言えば必要な単語だけ並べても通じます。

　一つだけ大切なことは、話を始める前に必ず「ボンジョルノ」とあいさつしてください。向こうから「ボンジョルノ」と言われたら「ボンジョルノ」と返すこと。あいさつは魔法の言葉であることを忘れないでください。

 **知っ得情報**

### イタリアのカメラで写真は撮れない！？

　英語にはラテン語起源の単語が多く入っており、イタリア語のaeroporto が英語の airport などイタリア語を知らなくとも見当がつく単語は多いのですが、時たま全く違う意味の単語もあるので要注意。例えばカメラ (camera)。英語のカメラはもちろん写真機ですが、イタリア語でカメラと言えば部屋の意味です。ホテルの領収書にカメラと書いてあっても間違いではありませんのでご注意を。

# スリと置き引きにはご注意を

　ここでは余り愉快ではない話題についてお話しなければなりませんが、これは読者の皆さまが楽しく旅を続けるために必要なことなのす。

　ミラノ総領事館が発表した 2023 年の統計では、北イタリアで届出があった日本人の犯罪被害はスリが 49 件、置き引きが 26 件、車上ねらいが 7 件，ひったくりが 1 件の合計 83 件で、コロナ禍前の 2017 年に発生した 120 件に比べかなり減っていますが、これはイタリアに在住・訪問する日本人の数がコロナ禍前の水準まで回復していない影響もあると考えられます。イタリアの刑法犯認知件数は、近年約 200 万件で推移し、日本の刑法犯認知件数（近年は約 60 万件）の 3 倍以上となっており、人口比で一人あたり 6 倍以上の差となります。

　イタリアで日本人旅行客を狙ったスリ、置き引きなどの軽犯罪が頻発しているのは残念なことです。日本人はグループや団体で行動することが多く、特に女性はなぜか皆同じような服装・スタイルのことが多いので遠くからでも大変目立ち、すぐに日本人だとわかってしまうことも一因でしょう。

　日本人がスリや置き引きの被害を受けることが多い場所は地下鉄電車内、地下鉄等駅構内、観光地周辺、長距離特急列車内、レストラン、ホテル、空港等。特に地下鉄の乗降時や、レストランで荷物を座席に置いたまま離席した際に狙われることが多いようです。

　ここでご注意頂きたいのは、実際には領事館が把握している以上の日本人旅行客が被害に遭っていると思われることです。財布をすられた、置き引きにあってしまった、という場合、被害者が真っ先に行うのは警察への届け出です。警察で盗難証明をもらい保険会社に求償する。もしクレジット・カードも盗まれていれば、カード会社に電話してカードを停止してもらうというのが通常の流れで、パスポートを盗まれない限り大使館や領事館への届け出はわざわざ行いません。残念ながらこうした盗難事件で犯人が捕まることはほとんど期待できないので、身の回りの貴重品からは目を離さないようにしましょう。

# 第7章

## イタリア交通事情

# 45

## 日本では珍しくなった、ストライキにはご用心

### ● ストライキはイタリアでは健在

イタリアは日本と同様、南北に長い国なので、北のミラノから南のナポリやシチリアなどの遠距離移動は飛行機で、ローマ、ナポリ、フィレンツェ、ベネチア、ミラノなどを相互に移動する場合は列車の利用が一般的です。パッケージ・ツアーの場合は貸切バスでの移動が多いのであまり心配はないのですが、飛行機や列車での移動で時たまあるのがストライキです。

### ● 「ショーペロ」と聞こえたら要注意！

イタリア語でストライキのことを「ショーペロ」(sciopero) と言いますが、この言葉があちこちのイタリア人の口から聞こえてきたら要注意。昔に比べれば労働組合も戦闘的ではなくなってきましたし、近年はすべての交通機関が止まってしまうゼネストも、あまりなくなりましたが、それでも交通機関がストで止まることのない日本から来ると驚くようなストが時たま起こります。

交通機関で一番頻繁に起こって、旅行者が影響を受けやすいのは空港や航空会社のストライキ。航空関係の組合は様々な職種に分かれているので、航空会社のパイロットや整備士など運航関係者のストがあれば飛行機が飛ばなくなるのはもちろん、空港のチェックイン・カウンターの職員や荷物の積み降ろしの職員、さらに空港管制官などがストに入れば、空港機能がマヒしますので、これまた飛行機が飛べなくなってしまいます。ストの予定はあらかじめ分

かっていることが多く、ホテルのフロントなどで情報を入手したら列車やバスなど代替えの移動手段を確保するように努めましょう。

　長距離列車や地下鉄・バスなどのストも時折発生しますが、これも事前に分かっている場合がほとんどです。ただ、大きな見本市やイベントなどがある場合、影響を最小限に抑える形でストが行われることも多く、最近、ミラノ市郊外での見本市開催中に行われた地下鉄のストでは、会場に向かう路線だけは運行されていました。困るのは、いつもそうなるとは限らないことで、TVで「ショーペロ」の声が聞こえたら、ホテルのフロントなどで最新情報を集めて対応策を取るに越したことはありません。

■イタリアで旅行者が影響を受ける可能性の多いストライキのパターン

| ストライキの職種 | 影響 |
| --- | --- |
| 航空会社の乗務員、地上職員、整備士 | 飛行機が欠航、空港機能がマヒ |
| 鉄道職員、駅員 | 列車が運休、間引き運転 |
| 市交通局職員 | 地下鉄、トラム、バスが運休、間引き運転 |
| 美術館・博物館職員 | 美術館・博物館が閉館、開館時間短縮 |
| 入国管理官・税関職員 | 入国審査窓口、税関検査の縮小 |
| 銀行職員 | 銀行窓口の縮小 |

# 46

## 移動時間を楽しめる列車の旅

### ◉ ひと味違う列車の旅もお勧め

イタリアの主要都市間の移動には、時間の正確さや快適さを考えると鉄道の利用が一番です。北部のトリノからミラノ、フィレンツェ、ローマ、ナポリ、南部のサレルノまでの 1,000km とその周辺都市を結んで日本の新幹線にあたる高速列車（アルタ・ヴェロチタ＝ AV「フレッチャ・ロッサ」愛称 "赤い矢"）が走るようになって、鉄道のサービスが飛躍的に向上しました。従来の FS（旧国鉄）に加え**イタロ（Italo）**と呼ばれる別会社の高速列車も導入され、サービスを競い合って、定刻通りの運行が多くなったのは我々外国人旅行客にはありがたいことです。

自動券売機の普及で駅の出札口（ビリエッテリーア＝Biglietteria）で長蛇の列を作る必要がなくなりました。券売機のタイプは長距離路線用（高速列車を含む）とローカル線用に分かれており、当日売りから 1 カ月先まで買うことができます。クレジット・カードしか使えない機械と、現金・カードの双方が使える機械があるのでご注意ください。

券売機はタッチパネル方式で、これは日本の券売機と同じです。言語はイタリア語以外に 4 か国語を選べますが残念ながら日本語はありません。英語を選ぶのが無難でしょう。最初に画面で切符購入をタッチし、行き先、日付、出発時間帯などを指定して、乗りたい列車を指定、人数と等級を選ぶと金額が表示されます。現金を入れるか、クレジット・カードをスロットに挿入します。

気を付けることは、ローマやナポリ、ミラノなどの大き

な駅では、乗車券の自動販売機の周りをうろつきながら、外国人客に乗車券を買うのを手伝ってあげると声をかけ、お釣りをよこせと要求する連中がいることです。無視するか、しつこい場合は、日本語で構わないので追い払うことです。お釣りをあげるくらいで済めばいいですが、こうした連中が窃盗グループで、乗車する列車まであとを付け狙われる場合もあり得るので気を付けましょう。

　出発前に予定が決まっていれば、ネットで事前に指定席の予約ができます。国鉄（トレニタリア）の場合なら　https://www.trenitalia.com/en.html のサイトから日時・区間・列車の種類・座席の指定ができ、予約確認内容（添付写真）をプリントアウトするかスマホに転送し、当日 QR コードを示せばそのまま乗車することができるのが便利です。

### 気分を変えてみよう！イタリアの列車の種類

✱イタリアでは高速列車や特急列車は全席指定で、事前に乗車券を買う必要があります。ネット予約で事前購入が割安になる制度もあり、英語で予約できますが日本語はありません。ローカル列車は各駅停車で座席指定はありません。

| 高速列車 | 全席指定<br>（ネット予約可能） | フレッチャ・ロッサ（赤い矢）<br>・等級区分　エクゼクティブ、ビジネス、プレミアム、スタンダード |
|---|---|---|
| 特急列車 | 全席指定<br>（ネット予約可能） | フレッチャ・アルジェント（銀の矢）<br>フレッチャ・ビアンカ（白い矢）・等級区分　1 等・2 等 |
| 在来線・特急 | 座席指定可<br>（ネット予約可能） | インターシティ（IC と略称される）　・等級区分　1 等・2 等 |
| ローカル列車 | 各駅停車 | レジオナーレ（R と略称される）座席指定なし |

# 47

## ちょっと心配？ でもタクシーは使い方でやっぱり便利

### ● 英語は通じにくいので、行き先はメモを渡す

目的地に行くのに便利なのはタクシーですが、知らない土地でタクシーに乗るのは不安だという人もいるでしょう。。イタリアのタクシーは日本と同様に基本的にメーターで料金が示されますが、ローマの空港から市内など、特定の区間では固定料金となっている場合もあります。ミラノやフィレンツェなど北イタリアのタクシーで料金をめぐるトラブルはほとんどありませんが、ローマやナポリではメーターを倒さなかったり、外国人観光客と見ると料金を吹っかけたりするタクシーもあるので注意が必要です。たまに片言の英語を話す運転手もいますが、英語は通じないと思ったほうが間違いありませんので、ホテルやレストランに行くときはその名前と住所をメモにして書いて見せましょう。

### ● 無線タクシーは安心で便利

無線タクシーが普及しているイタリアでは基本的に流しのタクシーはなく、駅前や街中のあちこちに設置されたタクシー乗り場から乗車するか、ホテルやレストランで呼んでもらうのが一般的。電話や呼び出し機で手配してもらうと、呼び出したタクシーの番号と到着待ち時間のプリントやメモを渡されます。こうしたタクシーはきちんとした会社の車なので安心ですし、そのプリントを降りるまで持っていれば、万が一車内に忘れ物をしても、車の番号が分かっているので捜索は簡単です。

最近イタリアで普及しているタクシー配車アプリ InTaxi は日本のスマホでも使うことができるので、路上などでの呼び出しには便利です。

### ● ステーション・ワゴンやワンボックス・カーで楽々移動

　空港への行き帰りなどトランクに入れるような荷物がある場合や、人数が多い場合などは、規定料金以外の追加料金がかかります。この場合、タクシーのメーターを見ると基本料金の横に追加料金が表示されます。イタリアではステーション・ワゴンやワンボックス・カーなど人数や荷物を多く収容できるタクシーも多いので、もし大人数で移動したり、荷物が多かったりするときなど、あらかじめこうしたタクシーを頼んでおくと、割安になります（但し、1 個数ユーロの荷物料金がかかる）。料金にはチップが含まれていませんが、見ているとイタリア人はあまりチップを払わないようです。運転手からチップを要求されることもほとんどありませんが、大きな荷物をおろしてもらったりしたときに、お釣りをあげるような心づかいをすると喜ばれます。

■**タクシー料金／各地の空港からのタクシー料金の目安**　（2025 年 1 月現在）

| | |
|---|---|
| ローマ・フィウミチーノ空港 ➡ テルミニ駅 | 55 ユーロ（固定料金） |
| ミラノ・マルペンサ空港 ➡ ミラノ中央駅 | 110 ユーロ |
| ミラノ・リナーテ空港 ➡ ミラノ中央駅 | 25・30 ユーロ |
| フィレンツェ空港 ➡ フィレンツェ市内 | 22 ユーロ（平日の固定料金） |
| ナポリ空港 ➡ ナポリ中央駅 | 18 ユーロ（固定料金） |
| ベネチア空港 ➡ ベネチア市内 | 15 ユーロ（定期船） |

# 48

都市によって特徴がある地下鉄は旅の楽しみ、ぜひ利用しよう

## ● イタリアの地下鉄事情

　現在イタリアで地下鉄が走っている都市は、北はミラノから南はシチリアのカターニアまで 7 都市ほどありますが、その中で日本人旅行者が使うことの多いと思われるローマ、ミラノ、ナポリの地下鉄について日本との違いを説明しましょう。

　自動券売機で乗車券を買い、自動改札を通って乗り込むシステムは日本と同じですが、乗車券は窓口や駅構内にある売店や近くのバールでも購入でき、同一ゾーン内ならバスやトラム（路面電車）と共通である点が、日本とは異なります。乗車券は磁気カードですが I C カードと同じチャージ式で回数券としても使えます。一定時間内（たとえばミラノでは最初に改札を通ってから 90 分以内）であれば、地下鉄とバスやトラムを乗り継げますし、ミラノの地下鉄では最近クレジットカードのタッチ決済で改札口を通れるようになり便利になりました。

## ● ケーブルカーに乗り継げるナポリの地下鉄

　ユニークなのはナポリの地下鉄です。山が海に迫っている地形のために町が急斜面に沿って山の上のほうまで拡大しており、下の街と上の街を結ぶ市営のケーブルカーが何本か走っていて、同じ乗車券で地下鉄から乗り継ぐことができるのです。海側に広がる庶民的な下町

ミラノ地下鉄の自動改札機。クレカのタッチ決済ができる。

と、山の上の全く異なる顔を持つ高級住宅地を結ぶケーブルカーに乗ってみるのも面白い体験ではないでしょうか。

## ⚙ スリにご用心

　地面を掘れば遺跡が現れるローマでは地下鉄工事がなかなか進捗せず、人口300万人近い大都会なのに2025年現在でもA線とB線の二路線しか地下鉄がなく、いつも混雑しています。均一料金なので乗車券を買うのは簡単ですが、困るのはローマの地下鉄はスリの天国という点。特にA線とB線の乗り換え駅で国鉄駅とも接続しているテルミニ駅は常時混雑しており要注意です。ある家族が、ローマに出かけた際に、夫人が持っていた肩掛けバッグに子どものスリが手を突っ込んで大騒ぎになったことがありました。グループの子どもたちですが、翌日も同じ場所で仕事をしていたので、子どもだからと言って油断はできません（子どもが刑事責任を問われないことを悪用する大人が背後にいるのでしょう）。

ミラノ地下鉄の自動販売機

# 49

## バスとトラム（路面電車）を使いこなせばイタリアーノに

### ● トラムの路線が発達しているミラノ

地下鉄やタクシーに比べると利用する際のハードルが高いのがバスとトラム（路面電車）でしょう。路線網が分かりにくく、言葉が分からないとちょっと不安です。

バスはもちろんどこの都市にも走っていますし、トラムはローマ、ミラノ、ナポリだけでなく最近フィレンツェでは空港と市内を結ぶ新たな路線が開通しました。市内各所をきめ細かくカバーしている路線を活用しない手はありません。各都市とも利用方法は共通していますので、ここではミラノの例をあげて活用の仕方を説明します。

ミラノは日本の札幌や福岡などと似通った規模で地下鉄の路線網も同じような感じですが、トラムの路線も発達しており、地下鉄とうまく補完し合っています。「最後の晩餐」があるサンタ・マリア・デッレ・グラツィエ教会など、地下鉄駅からちょっと離れた場所に行くときには地下鉄とトラムやバスを乗り継いで行くことができます。市内中心部のドゥオモ広場地下にあるミラノ市交通局（ATM）の案内所で無料の路線図を配っているので、まずは路線図を入手し、目的地に向かうトラムやバスの路線番号を確認しましょう（ATM のウェブサイトからもダウンロードできます）。

### ● 乗車してからの現金払い支払いはできないので注意が必要

日本のシステムとの最大の違いは信用乗車方式。乗車する人は有効な乗車券を持っているという前提で、バスやトラムの乗務員がいちいち乗車券をチェックしたり運賃を

受け取ったりしません。日本では乗車時または降車時に運転手や車掌に運賃を支払いますが、イタリアでは

（繰り返しチャージできるミラノの地下鉄・トラム・バス共通券。回数券としてのチャージも可能）

クレジットカードのタッチ決済ができる場合を除き、乗車してから運賃を払うことができず、事前に必ず乗車券を買い、乗車時に車内の改札機で刻印しなければいけません。

　急いでいて乗車券を買わずに乗ったり、刻印を忘れてそのまま下車したりすれば無賃乗車となりますが、時折乗車してくる検札係に出会ったら大変です。料金の数十倍にあたる罰金を取られるので、ご注意ください。乗車する際に改札機で刻印しない人も結構いるのですが、検札が来てみたらこういう人たちは定期券を持っていたりします。

### ● トラムは回数券がお勧め

　地下鉄なら駅や構内の売店で乗車券を買えるので分かりやすいのですが、トラムやバスの停留所の場合、近くにある新聞スタンドやバールで乗車券を買うことができます。

　近くにそうした場所が見つからないこともあるので、あらかじめ地下鉄の駅などで地下鉄と共通の乗車券を購入する際に回数券としてチャージをするか（ミラノ）、24 時間券・72 時間券などを購入する（ローマ）のがスムーズな旅のヒケツです。

# 50
## レンタカーは上級者コース

### ● 交通不便な土地を訪問するにはレンタカーは便利

　イタリアにもハーツやエービスなど世界的なネットワークのレンタカー会社があり、日本から予約することもできますが、よほど旅慣れた人以外にはお勧めできません。イタリアで車を運転することは、色々な点でハードルが高いというのが正直な実感です。5 年間のミラノ在住時には、自分の車を運転していましたし、レンタカーも借りましたが、イタリアでの運転に慣れるには一年近くかかり、その後もヒヤヒヤしたケースは語りつくせないほどあります。

　とは言え、北から南まで主要都市を結ぶ高速道路網が完備し、どんな地方に行っても道路が整備されているイタリアで、特に交通不便な土地を訪問するには、海外での運転に慣れた人なら車を借りたほうが効率的に回れることも間違いありません。ここではレンタカーを借りて移動する場合のヒケツをいくつか紹介しましょう。

イタリアのレンタカーにはマニュアル車も多い

✛最近はハイブリッド車や電気自動車の普及でオートマ車が増えたとはいえ、レンタカーにはマニュアル車もまだかなり多く、予めオートマ車を予約していっても、マニュアル車しかない場合もあります。マニュアル車の運転に自信がないならレンタカーは避けたましょう。

✛イタリアではレンタカー代、ガソリン代ともに高い（2025年1月時点でガソリンはリッター約1.76ユーロ、日本円に換算すると285円となる）。従って、少人数ではかなり割高。

✛ガソリンスタンドはセルフサービスが多いが、ガソリンは Benzina という表示の油種を選ぶ。Gasolio はディーゼルのことで、ガソリン車に入れると大変なことになるので要注意。

✛ほとんどの都市の中心部は一般車の乗り入れを禁止しており、営業車と地元住民の登録車しか入れない。レンタカーは乗り入れ禁止区域の外の駐車場に止めること。

✛駐車場以外に路上駐車できる道路も多いが、住民しか止められないとか、時間制限があるところもあるので、標識をよくチェックしないと駐車違反やレッカー移動になる。イタリア語の表示を理解できる人がいないと、かなり難しい。

✛路上での縦列駐車では、皆前後ギリギリに止めるので、パーキング・ブレーキをかけないのが暗黙のルール（スペースが足りないときは手で前後の車を押してスペースを空けるため）。

✛車内の見えるところには絶対にバッグなどの荷物を置き去りにしないこと。窓ガラスを割られての車上荒らしは、イタリアでは、日常茶飯事。

✛冬の北イタリアでは濃霧が発生することが多いが、イタリア人はそれでもスピードを緩めないので、フォッグランプをつけて慎重に運転すること。あまり遅いと追突されるので、そのあたりのスピード感覚は微妙。

## パスポートだけはしっかりと

　大使館・領事館に絶対に届け出が必要となるのはパスポートが盗まれた場合です。逆に言えばもしパスポートが無事であれば、あえて大使館や領事館に届け出るケースはほとんどないと推測できます。スリに小銭入れをすられ、被害額がわずかなどで警察への被害届も出さない場合もあります。

　パスポートが盗まれてしまえば、あなたの旅行計画は滅茶苦茶になってしまいます。まず、泊まっているホテルから動けません。イタリアの法律では、ホテルが身分証明書を持っていない客を泊めることは禁じられているのです（そのためにイタリアのホテルでは必ずパスポートのコピーを取られるわけです）。すぐに大使館・領事館に届け出ても、パスポート再発行までには数日かかるのが普通で、片道パスポートに相当する「渡航証」はすぐに発行してもらえますが、イタリアから日本に直接帰国しなければなりません。

　それではパスポートは一体どうやって管理したら良いのでしょうか。同じ場所に数日滞在する場合、ホテルにセーフティ・ボックスがあればやはりそこに入れておくのが安心であるのは間違いありません。従業員がセーフティ・ボックスを開けてパスポートを盗み出す可能性はゼロとは言えませんが、もしセーフティ・ボックスに入れたパスポートがなくなれば、警察沙汰になることは100％確実なので、そこまではしないと考えられます。要はパスポートを街で持ち歩いて盗難にあう可能性と、ホテルのセーフティ・ボックスに置いておき、なくなる可能性のどちらのリスクが大きいかの判断で、残念ながらこれに関しての正解はありません。

　移動の際にはパスポートを持ち歩かざるを得ないわけですが、紐の付いたパスポート・ケースに入れ、この紐をベルトに巻き付け、パスポートはズボンのポケットに入れるなどがあります。女性の場合にはこの方法は使いにくいのですが、肌身離さずというのがポイントです。

# 第8章

# イベント＆ショッピング

# 51

オペラでイタリアの心に触れよう

### ◉ イタリア人の生活に溶け込むオペラ

イタリア音楽と聞くと「オーソレミオ」や「帰れ、ソレントへ」などのナポリ民謡を思い浮かべる人が多いようですが、これは学校で必ず習うからでしょう。イタリアが音楽と深い関係のある国だということは、音楽用語がイタリア語であることからも分かります。

中でもイタリア人には切っても切れない音楽と言えばオペラでしょう。オペラという言葉自体、イタリア語で「仕事」とか、「労働の成果である作品」を意味しますが、イタリア人にはかなり親しみのある音楽のようです。もう 30 年前の話ですが「カラオケ」というそのものずばりの名前のテレビ番組がありました。NHK ののど自慢のように、全国各地を持ち回りで地元ののど自慢がカラオケをバックに歌を歌う番組でしたが、時たまオペラを歌う素人が登場し、「カラオペラ」と言ってマイクなしで堂々とアリアを歌うのには度肝を抜かれました。今でもイタリアでは娯楽番組の中でオペラのアリアが歌われることは珍しくありませんし、サッカーの試合で応援歌がヴェルディのオペラの替え歌だったりしたことも。トリノの冬季オリンピック開会式で今は亡きパヴァロッティがアリアを歌う場面がありましたが、2026 年にイタリアで開催される冬季五輪でもアリアが披露されるのでしょうか。

### ◉ 衣装や歌や演奏で大いに楽しく鑑賞

このように、イタリア人の生活に浸み込んでいるオペラ

ですが、日本人には
ちょっと敷居が高い感
じがするかも知れませ
ん。歌詞やセリフがイ

タリア語であることもさることながら、演じられる作品の
あらすじが分からないために、3時間以上にわたる演目が
苦痛になってしまえば、それほどもったいないことはあり
ません。歌舞伎も同じですが、あらすじと登場人物の役割
があらかじめ分かっていれば、言葉が分からなくても衣装
や歌や演奏は大いに楽しめます。有名なオペラのあらすじ
は本やネットですぐに手に入れることができますので、事
前の予習をしておくことがオペラを楽しむとともにイタリ
ア人の心に触れるヒケツです。

### Let's Try! Proviamo!

**ミラノのスカラ座、ローマ歌劇場、ナポリのサンカルロ劇場など三大歌劇場のオペラのチケット獲得に挑戦！**

　定員がローマとナポリは 1500 人前後、スカラ座でも 2800 名程度しかなく、そのうちの多くがシーズン買い取りのスポンサーと旅行代理店席と言われており、一般に販売されるチケットの数は限られています。色々な方法でチャレンジしましょう。案外良い席をゲットできるかも。

●日本からネットで各劇場のサイトにアクセスし、直接予約
●日本の旅行代理店のツアーに参加する
●現地で当日売り窓口に並ぶ
●ホテルのコンシェルジェなどに頼む

## 52

やっぱり違う、見逃せない本場サッカー観戦！

### 🔵 興奮度 120%の現地観戦

イタリアで人気 No.1 のスポーツと言えば、サッカーをおいてほかにありません。イタリアの強豪チームで日本人選手が活躍する時代となり、イタリアでサッカー観戦をしてみたい人も多いのではないでしょうか。ここではミラノでのセリエ A（一部リーグ）の試合観戦を例にそのヒケツをお知らせします（各地での観戦方法も基本的に同じです）。

試合予定は、日本語のサッカー関連サイトなどで簡単に確認できます。通常セリエ A は 8 月下旬にシーズンが始まり、翌年 5 月まで全 20 チームの総当たり戦、ホームとアウェイの 38 試合（ホームは各チーム 19 試合）が行われます。試合のスケジュールが発表されるのは、8 月初めごろが多いようです。リーグ戦が行われるのは通常日曜日の午後ですが（開始時刻は午後 3 時から 8 時半まで、日により異なる）、カップ戦（イタリア杯や欧州杯、チャンピオンズ・リーグ）や代表戦の予定との調整で、土曜日に前倒しになったり、水曜日に行われたりするときもあるので事前にウェブサイトなどで確認しましょう。

インテルやミランのウェブサイトではチケットをオンラインで購入できますが、イタリア語・英語のサイトがあり、試合直前でも購入できるようになりました。チケットはミラノ市内のミラン・ショップやインテル・ショップでも買えます。

ミラノ・ダービーやシーズンの優勝決定戦などごく限られた試合以外なら、試合直前でもスタジアムの脇にあるチ

**冷え込みが強い冬場のスタジアムでの観戦のヒケツ**

Dati taglienti
ちょっと一言

スタジアムは床がコンクリートの打ちっ放しで、冬場は足元が大変冷え込みます。
●厚手の靴下、底の厚い靴を履きましょう。
●ベンチコートなどを用意。
●かぶりの深いニットの帽子とフード付きの雨コートなど重ね着する。
●携帯カイロを用意。

ケット売場（ビリエッテリーア ＝Biglietteria）で買うことができます。ミランとインテルのホームであるサンシーロ（正式名はジュゼッペ・メアッツァ・スタジアム）は収容人員8万人の大スタジアムで、これが満員となる試合はほんの一部だけです。

サンシーロ・スタジアムは、メインスタンド、バックスタンドなどがセクションごとに色分けされ、1階から3階まで（一部は2階まで）座席があってすべて指定席ですが、座席の場所により値段が異なります。サッカーのチケットはフーリガン防止のためにすべて記名制となっており、購入には写真入りの身分証の提示を求められるので、パスポートを忘れないでください。こうした確認に時間がかかるので、スタジアムには試合開始の1時間以上前には到着するようにしましょう。

スタジアムの中は、まばゆい照明とともに何とも言えないざわめきと雰囲気が湧きあがっています。試合では、ほとんどの観客がホーム・チームの応援団と思って間違いありません。試合が始まると、観客の興奮の度合いは日本人の比ではなく、イタリア人気質を観察する絶好の機会です。

# 53

時間に余裕のあるときはリゾート型滞在でゆったり過ごすのもお勧め

### ◉ 滞在型ツアーも人気に

日本から1週間〜10日ほどのツアーでイタリアを一周する予定の人は、この項は今後の参考にしてください。ここでリゾートというのはイタリア人や他の欧州諸国の人たちが夏休みや冬休みを過ごす海や山の保養地や観光地のことで、日本の観光地巡りのツアーではほとんど立ち寄りません。名所旧跡というよりは風光明媚な滞在型の場所が多く、家族で1か所に1週間から2週間滞在することも珍しくありません。地中海を巡る豪華客船などもリゾートに含まれます。最近、日本からこうした地中海クルーズやスキー・リゾート地などへの滞在型ツアーも出始めましたので、リゾートでの滞在を楽しむヒケツを紹介しましょう。

### ◉ オンとオフの使い分けで究極のリゾートを！

普通の観光旅行とリゾートの滞在との一番の違いは、スケジュールがないという点でしょう。オンとオフに分けた場合のオフの究極がリゾート滞在です。朝起きてせかせかと荷物をまとめ、バスに飛び乗ってあちらの名所、こちらの旧跡を見て歩く。そんな旅とリゾートは無縁です。海辺なら海で泳いでも良し、山の中のリゾートならハイキングやスキーを楽しんでも良し、ただしゆったりとした気分で。

これがリゾートの過ごし方です。多くの滞在型ホテルでは朝食と夕食が付いていることが多く、その時間にはレストランに行かなければなりませんが、そのほかは計画など立てずにゆったりと過ごします。もしかすると現代の日本人

には最も不得意な時間の過ごし方かも知れませんが、数日も経てば身も心もゆったりしてくるのが分かると思います。

　ホテルが高級であろうとなかろうと、実はこうした休日の過ごし方が最もぜいたくだと言えるのではないでしょうか。

## 🌑 ドレス・コードを守って、ちょっとリッチな気分に

　一つだけ気を付けなければいけないことは、リゾートと言えどもきちんとしたドレス・コードが必要な場所、時があることです。最近日本では使われることがなくなったTPOという言葉は、欧州では健在で、時と場所と状況に応じた服装をしなければいけません。海岸のリゾートでショートパンツとTシャツで入れる店もありますが、夜のディナー・タイムはジャケットやネクタイ着用のところもありますし、クルーズ船などでは必ずそうした機会が訪れます。リゾートに行くからすべてカジュアルな服装で大丈夫と思わず、こうした場合に対応できるような服装と靴を最低1セットは準備した上で出発しましょう。

 **イタリアで人気のリゾート地はここ！**

| | |
|---|---|
| コスタ・ズメラルダ | 地中海に浮かぶサルディーニャ島北部にある海岸の高級リゾート |
| コルティナ・ダンペッツォ | 北部のドロミーティ山塊の中心にある山岳リゾート |
| チンクエ・テッレ | ジェノバの東、山と海にはさまれた小さな村々で世界遺産 |
| カプリ島 | 青の洞窟で知られる有数のリゾートで、日本では新婚旅行の目的地として人気 |

## 54
## 個性豊かな品ぞろえでどこでも街中ショッピングが楽しめる

### ● 買い物は「ボンジョルノ」の一言から

ショッピングは人それぞれ求めるものが違いますが、イタリアでは専門店、それも個人商店に近い店が街中にたくさんあり、個性豊かな品ぞろえをしていることを覚えていると楽しい買い物ができるでしょう。大資本のチェーン店が軒並み進出している日本や米国などと大きく違うイタリアの特徴と言って良いでしょう。最近は H&M や Zara, GAP さらにユニクロなどの大手チェーン店が進出してきましたが、個人商店は健在です。イタリアは中小企業の国と言われていますが、商店でも同じことが言えます。

イタリアで服とか靴とかバッグを買いたいなら、ブランド・ショップだけではなく、街中の小さなセレクト・ショップや洋服店に勇気を持って入ってみましょう。まずは「ボンジョルノ」のあいさつから。この一言があるかどうかで、対応がグッと違ってきます。ローマやミラノ、ベネチア、フィレンツェなど観光客が多い町では英語を話す店員さんも増えています。イタリア人が「私は英語を話せる」と言っても、ホンの片言の場合も多いのですが、お互い片言の英語でコミュニケーションしても用は通じるものです。もちろん片言であってもこちらがイタリア語を話せば、相手の好感度はアップするので、親身になって手伝ってくれます。

### ● イタリア語をあらかじめ調べて思い切って自分で交渉！

ショッピングでは、自分が欲しいものがどんなものか、どんな色か、どんな素材か、予算はどのくらいかなどが分

かればいいのです。

　あらかじめ写真や雑誌の切り抜きを用意しておくとか、店にある似た商品を指差して、もっと大きいのが良いとか、赤い色が良いとか、安いのが良いとか、単語を並べれば、相手はお客の要望に応えようとしてくれるでしょう。希望するサイズや色や素材のイタリア語をあらかじめ調べてメモしておくことは、よりスムーズなコミュニケーションで自分の求めるものを入手するための裏ワザです。

## ◉ 地元店員さんのアドバイスでファッションが変わるかも！

　ファッション系の店であればコーディネイトを頼むと、小さな店であっても店員はプロ。日本人には思いもよらぬコンビネーションを提案してくることがあります。値段が納得できるなら、思い切ってそのアイデアに乗ってみましょう。日本でそれを身に着けたら、ちょっと目を引く存在になるかも知れません。

### ショッピングで使える簡単イタリア語

簡単なイタリアを覚えて買い物をぐっと楽しく、欲しいものを手に入れましょう。
- ●もう少し安いのをみせてください→ Posso vedere uno di meno caro?
- ●赤い色が欲しい→ Vorrei un colore rosso.
- ●もっと大きい（小さい）サイズは？→ Taglia piú grande (piccola)?
- ●赤→ Rosso ●紺→ Blu ●白→ Bianco ●黄→ Giallo
- ●茶→ Marrone ●黒→ Nero

**54-2**

個性豊かな品ぞろえでどこでも街中ショッピングが楽しめる

### ● ウインドーショッピングであることはきちんと答える

　セールやアウトレットは別として、店内に入るのは買う気があることとほぼ同じ意味になります。ただ見ているだけなのに店員に話しかけられたら、'Just looking' とか「ソロ・グアルダンド」（Solo guardando）と答えればそれ以上しつこくは迫ってきませんので、用があるときには逆にこちらから声をかけましょう。服や靴を試着するときは「ポッソ・プロヴァーレ？」（Posso provare?）と聞いてから試着します。

### ● 支払いと税金の払い戻し

　気に入ったものを買うことになったら支払いですが、クレジット・カードの支払いでは暗証番号の入力を求められます。レストランのときと同様、入力を何度か間違えると以後カードが使えなくなりますので気を付けましょう。無事買い物が終わって店を出るときには「アリヴェデルチ」（さようなら）を忘れないでください。

　イタリアでの買い物金額には 2025 年 1 月現在で 22％の VAT（付加価値税）が含まれており、一定額の買い物（2024 年 2 月より 70 ユーロに引き下げられましたが、お店で確認してください）をするとタックス・フリー（イタリア語でリンボルソ rimborso) の手続きをして税金分を戻してもらうことができます。買い物をした店で作成してもらった書類に、EU 出国時税関で現物を見せてスタンプを押し、近くの窓口で現金で支払いを受けるか、クレジッ

ト・カードの口座に払い戻しをしてもらえます。この際に、買ったものを手持ちして係員に見せないと証明スタンプをもらえないので、トランクなどに入れないように注意しましょう。

セール時期にはウインドーに SALDI の文字があふれる

✤イタリアではセールのことを Saldi と言いますが、セール時期になると街のショーウインドーには SALDI! の文字が躍り、街中は買い物袋を下げた人たちであふれます。セールが行われるのは毎年 1 月と 7 月ですが、州ごとにセールの開始日が決まっています。直前にならないとセール開始の正確な時期は分からないのですが、1 月の初めと 7 月の初めから始まると思っていれば間違いないでしょう。

### ■ 2025 年のセール期間（夏は前年の例）

| | | | | |
|---|---|---|---|---|
| ローマ | | 1月4日−2月15日 | | 7月6日−8月16日 |
| ミラノ | | 1月4日−3月5日 | | 7月6日−9月3日 |
| フィレンツェ | 冬 | 1月4日−3月5日 | 夏 | 7月6日−9月3日 |
| ナポリ | | 1月4日−3月5日 | | 7月6日−9月3日 |
| ベネチア | | 1月4日−3月31日 | | 7月6日−8月31日 |

✤各自治体により定められていて、多くの市町村では 2 か月前後です。

## 55 アウトレットを上手に使いこなすには

### ● アウトレットを選ぶポイント

　イタリアでも最近アウトレットが増えていますが、そのあたりの情報はイタリア人よりも日本人のほうが詳しいくらいです。イタリア語で**アウトレットのことをスパッチョ**（spaccio）と言い、日本語のウェブサイトでも「イタリア　アウトレット」で検索すると山のように情報が出てきます。膨大な情報の中からどこに行くかを選ぶには以下のポイントで絞り込むのがヒケツです。

（1）**アウトレットの場所**：旅行先の市内か、市内からアクセス可能な範囲にあるか
（2）**取　扱　商　品**：買いたい商品カテゴリーやブランドを扱っているか
（3）**営業時間と移動時間**：自分が自由になる時間帯で無理なく訪問可能か

　ミラノを例にあげると、市内中心部の比較的便利なところにあるアウトレットもあれば、郊外や国境を越えたスイスにあるアウトレットもあって、市内から直通の送迎バス（有料）が出ていたりします。またブランドの直営アウトレットや工場に併設されたファクトリー・アウトレットのほかにも靴や衣料品、雑貨など取り扱い商品別の専門店を集めたアウトレット・モールもあるので、自分が欲しいものがはっきりイメージできていれば、希望のアウトレットを探すのは割合簡単でしょう。

## 🌑 日本人好みかも？　イタリアの逆売れ筋

　以前イタリア中部マルケ州を訪れた際、取引先メーカーの近くに新しくオープンしたアウトレット・モールがありましたが、その地方の中心都市から高速道路で 30 分以上かかる場所で、車でしかアクセスできず、来場者はほとんどイタリア人でした。こうしたアウトレットは観光地から離れており、アクセスも悪いのでなかなか行きにくいと思います。

　どこのアウトレットでも商品はかなり豊富にそろえています。イタリアで売れ残った商品は、色やデザインがイタリア人の好みに合わなかったわけですが、逆に日本人の趣味には合うものだったりするので、色々と見てみましょう。

### Cautele 注意！

### サイズが合わないとき

　日本人にとってちょっと困ることは、衣服や靴などで希望のサイズが見つかりにくい点でしょうか。イタリア人と日本人は体型が違うために、服ではサイズはピッタリなのに袖が長いとか、全体にダブついてしまうなどということもあります。ただイタリアで売れ残った小さなサイズが日本人に合うことも多く、遠慮なく試着をしてみて、気に入らなければ断って構いませんが、最後に必ず「グラツィエ」（ありがとう）の言葉を忘れないでください。

# 56 スーパーマーケットは食材の宝庫。飽きることがない食品売り場

## ● スーパーマーケットに行ってみよう

イタリアで街中の個人商店とともにぜひ行ってもらいたいのはスーパーマーケットです。スーパーは世界中どこでも同じだと思っていたら大間違い、スーパーに行けばその国の庶民の生活を垣間見ることができるのです。食材の豊富なイタリアのこと、スーパーの食品売り場は飽きることがありません。生鮮食料品はさすがに持ち帰れませんが、レトルトのリゾットやパスタソースなどの種類の豊富さには目を見張ります。イタリアみやげの定番では様々な種類のレトルトのリゾットが好評です。そのほかにも乾燥したポルチーニ茸（キノコ）やカラスミなどパスタの具材、バルサミコ酢や豊富な種類のワインが、観光客相手のみやげ物店より数段安い値段で手に入ります。みやげ用のチョコレートなどもスーパーでは簡単に入手できるので、ぜひ試してみてはいかがでしょうか。

あとは台所周りの小物などでも日本では見られないようなものがあったりします。イタリアのスーパーではレジでの袋詰めはセルフサービス。レジ袋は有料ですが、袋が必要なら「サケット」（sachetto）と言ってもらいましょう。

## ● ユニークなおみやげ

スーパーで面白いのが、ミラノを中心に北イタリアに展開するチェーン店「エッセルンガ」（Esselunga）。この店は以前からユニークなデザインの広告で有名で、自社で扱っている食品を、色々なものに見立ててポスターとして

John Lemon

使い、しかもそのデザインを表紙にしたノートやメモ帳を売っています。イタリア語を知らないとちょっと分からないものもあるのですが、一番分かりやすいのはこの写真のジョン・レノンならぬ「ジョン・レモン」。このノートはおみやげとしても好評でした。

「ジョン・レモン」のメモ帳はおみやげに好評

### ● 探し当てればスーパーは必ず価値がある！

　観光でイタリア旅行をする日本人にとって一つだけ困るのは、スーパーマーケットはどこの街でも住宅地に近いところにあって、街の中心部にはないことです。もし街中のホテルに泊まっている場合、ホテルのスタッフに近くにスーパーがないか聞くのが一番確実でしょう。ミラノであれば、地下鉄を数駅乗れば必ずスーパーは見つかりますが、フィレンツェとかベネチアではちょっと難しいかも知れません。努力してスーパーを見つければ必ずそれだけの価値がありますから、ぜひ行ってみましょう。

Dati taglienti
ちょっと一言

**おみやげはスーパーで！　思わぬ掘り出し物がいっぱい！**
　●レトルトのリゾットやパスタソース　●乾物のキノコなど　●乾物のパスタの具材　●バルサミコ酢やビネガー類　●色とりどりの台所小物

## 音楽のイタリア語も役に立つ

イタリア語は英語などと比べると、なじみがないと思っている人は多いのではないでしょうか。ところが、日本では誰でも学校でイタリア語を学んでいます。それは音楽の時間です。

ピアノという言葉を知らない日本人はいないでしょう。日本では楽器のピアノの意味で使われますが、イタリア語のピアノ（piano）は大変重宝な言葉です。中学校の音楽の教科書を見るとピアノは「弱く」と書いてあり、これはその通りで通じますし、二つ重ねてちょっと語尾を伸ばし、「ピアノ、ピアーノ」と言えば「ゆっくり、ゆっくり」の意味です。相手が早口のときなどに言ってあげれば効果的です。このほかにもピアノには 1 階、2 階の「階」の意味もあり、ホテルで部屋が「セコンド・ピアーノ」と言われたら 2 階にあるということです。ちなみにイタリア語で楽器のピアノは「ピアノ・フォルテ」と呼びますが、これは強弱を自由に出せることから来ています。

音楽用語でフェルマータ（fermata）という言葉を聞いたことのある人もいるでしょう。休止符のことですが、もともとは「止まった」の意味でイタリアでは一般的にバスや路面電車の停留所のことをフェルマータと呼びます。バスが止まるからフェルマータ、分かりやすいでしょう。ミラノの地下鉄に乗っていたら、地下鉄駅のこともフェルマータと呼んでいました。

中学の音楽の教科書にはこのほかにも、モルト（molto= 非常に）やポーコ（poco= 少し）、ポコ・ア・ポーコ（poco a poco= 少しずつ）、アダージョ（adagio= ゆっくり）などのイタリア語も載っていました。これらの言葉は、イタリア旅行に行ったその日から役に立ちます。音楽の教科書でイタリア語の勉強、意外に役に立ちそうです。

# 第9章

## イタリアの中の外国

57

ちょっと足を延ばして岩山の国サンマリノまで

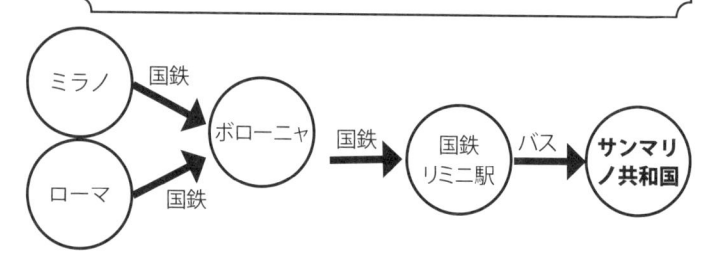

サンマリノ共和国

ミラノ → 国鉄 → ボローニャ
ローマ → 国鉄 → ボローニャ
ボローニャ → 国鉄 → 国鉄リミニ駅 → バス → サンマリノ共和国

### 🔵 日本では体験できない国境越え

イタリアは国内に外国を抱えているユニークな国です。一つがローマ市内にあるバチカン市国、そしてもう一つがここで紹介するサンマリノ共和国です。人口3万人、面積61平方キロ（東京の大田区よりわずかに広い程度）という小国ですが、その歴史は4世紀までさかのぼり、中世から現代まで独立を維持しているユニークな存在で、日本にもれっきとした大使館があります。

イタリア中部アドリア海岸の保養地リミニから、海岸と反対側に道路を10キロほど進むと道路を横断するゲートのような構造物があって、ここがサンマリノとの国境。脇に警官が立っていることもありますが、止められることもなく、そのままサンマリノ共和国に入ります。日本では陸路で国境を越える経験はできませんが、ここの国境はあまりにあっさりと越えられるので拍子抜けです。

国境を越えると道はヘアピンカーブが続く山道となります。サンマリノが独立を維持できた秘密の一つがこの地形。

ティターノ山という標高 739 メートルの急峻な岩山に造られた城塞が中心なり防衛にはもってこいです。

　この城塞とその周辺の街並みは 2008 年にユネスコの世界遺産に指定されました。ボローニャからアンコーナ方面に向かう列車の車窓からもその独特の岩山の姿が遠望できます。高い崖の上に立つ城塞からアドリア海を一望にする眺めは素晴らしく、アドリア海方面に行く機会があれば、ぜひ訪れてもらいたいお勧めのスポットです。サンマリノには欧州で唯一の神社本庁が認めたサンマリノ神社があるのもユニークな点です。2011 年の東日本大震災の犠牲者を悼んで 2014 年に建立されました。

## ● おみやげにはサンマリノ・ユーロを

　独立国とは言え、サンマリノ国民のほとんどはイタリア系で、使われている言語はイタリア語、そして通貨はユーロなので、イタリアから入っても外国という感じはしません。この国の重要な収入源となっているのは、マニアでは知られた切手です。日本でもサンマリノの切手を持っている人は多いのではないでしょうか。

　実は切手と並んで人気なのがサンマリノのユーロ硬貨。サンマリノでのユーロ硬貨の発行数は限られており、ほとんどがみやげ用としてセット販売されているので、実際に使われているのはイタリアのユーロ硬貨ばかりです。サンマリノを訪れる機会があれば、サンマリノ・ユーロが一番のおみやげとなることは間違いなさそうです。

## 58

カトリックの総本山でバチカンならではの出会いに感激

バチカン市国

### 🌀 見所満載！　圧巻は「最後の審判」

イタリアの国内にあるもう一つの外国バチカン市国についてはよく知られているので、今さら説明の必要もないくらいですが、ローマの一角にある世界最小の国家で、テルミニ駅からバスで 20 分ほどです。ローマ法王を国家元首とし、国民はすべて聖職者でサン・ピエトロ寺院前のサン・ピエトロ広場と寺院の背後に広がる丘が国土のすべてで、面積はわずか 0.44 平方キロですから、東京の新宿御苑の四分の三の広さしかありません。

カトリックの総本山という特殊な国なので、バチカンでしか見られないものはたくさんありますが、その一つがスイスの衛兵。赤と黄と青のゆったりとした中世の制服を着た衛兵はサン・ピエトロ広場の一角にも立っており観光客に大人気ですが、れっきとしたローマ法王の護衛兵なのです。1500 年代にドイツにあった神聖ローマ帝国がバチカンを攻撃した際には、スイス衛兵は法王を守るために活躍し、衛兵の 8 割近くが戦死したという悲しい記録も残っています。

サン・ピエトロ広場を囲むように引かれたペイントがバチカンとイタリアの国境ですが、パスポートを見せることもなく、そのまま広場を横切ってサン・ピエトロ寺院へと入ることができます。一般の人がバチカンに入れるもう一つの入り口はサン・ピエトロ広場とは反対側のバチカン

美術館の入り口です。バチカンをぐるりと取り巻く城壁に開けられた入り口から入るともうそこはバチカン市国の中。建物そ

バチカンの中心サン・ピエトロ寺院

のものがミケランジェロやラファエロなどルネサンスの画家たちによるフレスコ画などで装飾されており、絶対に見逃せないお勧めのスポットです。ローマ法王選出選挙（コンクラーベ）が行われるシスティーナ礼拝堂にはミケランジェロの有名な大作「最後の審判」が壁面一面に大変な迫力で描かれており圧倒されます。

　一般の人がバチカンで入れるのはサン・ピエトロ寺院とバチカン美術館とその庭園に限られるのですが、バチカンではイタリア国内で通常 22% かかる VAT（付加価値税）がありません。従ってバチカンで売っているみやげ物などはすべて免税となっています。バチカンも通貨はユーロを使っており、サンマリノと同様、ユーロ硬貨を発行していますが、バチカン発行のユーロはもっと入手しにくく、コレクター間で人気になっています。バチカンでみやげ物を買って、万が一お釣りにローマ法王が描かれたユーロ通貨が来たとしたらこれは貴重です！　絶対に使わずに取っておきましょう。

**ドイツ語も公用語。ドイツ文化圏の風光明媚な珠玉の街**

```
┌─────────────────────────────────┐
│          アルト・アディジェ              │
└─────────────────────────────────┘
```

( ローマ ) ──国鉄→ ( ボローニャ ) ──国鉄→ ( ベローナ ) ──国鉄→ ( **ボルツァーノ** )

( ミラノ ) ──国鉄→ ( ベローナ )

### 🌐 知る人ぞ知る、隠れた人気リゾート

　アルト・アディジェと聞いてすぐに分かる人はかなりの
イタリア通でしょう。イタリアの最北部、オーストリアと
国境を接する山岳地帯にあり、正式にはトレンティーノ＝
アルト・アディジェという自治州ですが、ほんの 100 年
ほど前までは南チロル地方と呼ばれたオーストリア領でし
た。第一次世界大戦で敗れたオーストリアから南チロル地
方がイタリアに併合され、現在のトレンティーノ＝アルト・
アディジェ自治州になったのですが、今でも北半分のアル
ト・アディジェ（アディジェ川上流の意味）はドイツ語で
南チロル地方と呼ばれ、ここに置かれたボルツァーノ県で
はイタリアでありながらドイツ語を話す住民が主流を占め
ています。

　ここもツアーではなかなか行くことのない地域ですが、
オーストリアのインスブルックから列車か自動車でイタリ
アに入る場合には必ず通過するところです。北のオースト
リアから南に下ってくると、国境を越えても風景があまり

変わらないという印象を持つかも知れません。山並みの間に立つ伝統的な家屋はチロル地方の家そのものですし、街角の看板や案内板にはドイツ語とイタリア語が併記されているからです。むしろ南のベローナからアディジェ川をさかのぼってくると、同じイタリア国内なのにガラッと雰囲気が変わることに驚かされることでしょう。日本で言えば長野県のような風光明媚な土地柄で、谷間にはリンゴ畑が広がり、針葉樹林帯が続く様子はちょっとイタリアらしからぬ風景と言えるかも知れません。小学校の壁には大きくフォルクスシューレとドイツ語で書かれ、下に小さくスクオラ・エレメンターレとイタリア語が書かれていたりするのを見ると、やはりここはイタリアの中の外国であると感じることでしょう。

　この地域、ドイツ語が通じることもあって実はドイツなどからの観光客の隠れた人気リゾートになっています。風光明媚で言葉が通じて、イタリアのおいしい料理が味わえるとなれば、人気の出ないほうが不思議かも知れません。

　山岳地帯であることから山岳リゾートとしてホテルなども整備されており、山の好きな人なら楽しい滞在になることは間違いありません。この地域の出身で世界的に知られた人物は多いのですが、その1人が登山家のラインホルト・メスナー。エベレストをはじめとして数々の8000メートル峰に無酸素登頂した登山家で、アルト・アディジェには彼が創設した登山博物館もありますので、興味のある人はぜひ行ってみてはいかがでしょうか。

# 第 10 章
## 帰国便で困らない裏ワザ

付 録

● 無事にイタリア旅行の行程を終えたら、
　帰国直前準備の注意点です。

　スーツケースのパッキングはできるだけ前日中に済ませましょう。最後の夕食で盛り上がり、飲み過ぎてしまって前夜にパッキングできず、翌朝にやろうとすると慌ただしいだけでなく、冷蔵庫に入れたおみやげやセーフティボックスの貴重品を忘れたりしかねません。イタリア名物でお土産となることが多いワインや蜂蜜などは液体類として機内に持ち込めないので、大変ですがTシャツなどとビニール袋でしっかり包みスーツケースの衣類の間に納めましょう。たいていは大丈夫ですが、運が悪いと中でボトルが割れて大変なことになることも…。通常、無料で預けられるのは23キロまで。重量オーバーは追加料金を取られることがありますのでご注意ください。

　搭乗便の出発日、時刻、出発空港もEチケットのコピーで再確認しましょう。旅行中は日にちや曜日の感覚がなくなりがちです。

　スマホやタブレット、パソコンなどを持っていれば、航空会社のサイトで自分の搭乗便の出発予定が確認できるので安心です。到着した空港から出発なら間違える心配はないでしょうが、ローマやミラノなど国際便が複数空港から出発する場合には、出発空港も再確認しておく必要があります。たとえばミラノでは、日本への直行便やアジア・中東への長距離便が出るのは市内北西部にあるマルペンサ空港ですが、ヨーロッパ内で乗継して帰国の場合、市内の東にあるリナーテ空港から接続便が出発する場合があります。

　2025年1月現在、イタリアから日本への直行便で夜中過ぎに出る便はありませんが、乗り継ぎなどで夜中過ぎ

Eチケットで出発空港、便名、搭乗日・時刻は上記の四角内を確認。ミラノ・マルペンサ空港発アブダビ経由で成田へ帰国する場合

の便を利用するときは、出発日を間違えないように気を付けてください。月曜の午前 1 時出発便に乗るためには日曜の夜 11 時までにチェックインが必要です。3 月下旬に旅行される方は、夏時間への切り替えに注意しましょう。3 月最終日曜日の早朝、全ヨーロッパで夏時間に切り替わり、時計が1時間早まって前日の午前 8 時は翌日午前 9 時になります。予定便に乗り遅れないよう、夏時間切り替えの前夜には時計を 1 時間進めておくのがおススメです。

### 🔵 出発空港内の手続きには十分な余裕を持とう

帰国便の搭乗に際しては、空港へのアクセスと搭乗手続きに十分な余裕を持ちましょう。出発空港を確認したら、搭乗便の出発時刻から逆算して空港へのアクセス手段とホテルからの出発時刻を決めます。

空港へのバスやタクシーなどは事故や工事で道路が渋滞し、通常 1 時間のところ 1 時間半かかったりすることもあるので、余裕をみて早めに出発しましょう。出発便が夕方でホテル出発が遅くなる場合、ホテルにレイト・チェックアウトを交渉してみましょう。部屋が空いていれば、午後 3 時ごろまで無料で受けてくれることもありますが、ダメでもスーツケースは出発時間までフロントで預かってくれます。この際に貴重品は必ず自分で持って出かけるようにしましょう。

意外な盲点が空港内での手続きや移動に時間がかかること。空港のチェックイン・カウンターや保安検査場が長蛇の列で 20 分以上待つことも珍しくありません。チェックインで重量オーバーになり荷物を詰め替えたり、保安検査で引っかかったり、免税手続きの場所が長蛇の列だったり、食事をしたら予想外の時間がかかったりなど、よくある話です。空港での自分の行動予定を考え余裕を持って移動しましょう。

保安検査場を通過した後の出国審査は比較的簡単とは言え、搭乗ゲートまで歩いて 10 分以上かかる場合もあります。出発時間が迫り焦って搭乗ゲートに向かうと待合室に忘れ物をしがちです。

搭乗ゲートから飛行機に乗り込み、自分の席に座ればホッと一

息です。手荷物を頭上の棚に入れますが、一杯の場合は客室乗務員の指示に従い席から離れた場所の棚に入れることもあります。スリッパに履き替えるのは離陸した後にしましょう。機内では喉が渇くことが多いので水分補給を忘れないように。乗務員さんに頼めば持ってきてくれますが、搭乗直前にターミナルでミネラル・ウォーターを買っておけば安心です。

　無事日本に到着すれば長かった旅行もおしまいです。棚の上に入れた荷物をまとめて飛行機を降りますが、席を立つ前にもう一度座席の上と下、前のポケットの中を再確認しましょう。到着した安心感と時差と疲れで気が緩みがちですが、座席ポケットの中にスマホを忘れたり、座席の隅や毛布に紛れてペンや財布が落ちていたりすることが結構あります。混雑した機内から降りるのには結構時間がかかるもの、大型機の後ろの方だとドアが開いてから降りるまで 10 分以上かかることもありますが、急いで出てもスーツケースを待つことになるので同じです。お世話になった乗務員さんにあいさつして気持ちよく降りましょう。

　入国審査は自動化ゲートでパスポートを読み取り通過しますが、入国スタンプが必要ならゲートを通過後、係官に押してもらえます。手荷物受取場で自分の荷物を受け取ったら税関検査です。事前にスマホで Visit Japan と言うプログラムに本人とパスポートの情報を登録しておけば QR コードを使って税関検査を通ることができ、いちいち申告書に記入する必要はありません。申告するものがある場合は、必ず申告してください。税関係官はプロ。態度とか視線で怪しい乗客がわかるようです。輸入が規制されている象牙やワニ革、ベッコウなどを使った製品には証明書が必要ですし、ブランド品のコピー品は輸入禁止で没収されてしまいますから、軽い気持ちで持ち帰らないよう注意しましょう。

ミラノ・マルペンサ空港の免税手続き窓口。いつも混雑している。

Visit Japan の税関申告用
QR コード

**著者プロフィール：三浦陽一（みうら よういち）**

1950 年クリスマス　千葉県生まれ、東京都在住。

慶應義塾大学卒業後、総合商社の丸紅に勤務。7 年間のロンドン勤務、5 年間のミラノ勤務を経て 2003 年独立起業し、イタリアからの輸入業務に携わる。

母語の日本語の他、英語（英国）とイタリア語を操り、必要に迫られ、西・独・仏・韓の各国語を使い、現在は中国語とトルコ語に挑戦中。コロナ禍前の過去 10 年間の飛行機搭乗回数は 400 回を越え、その飛行距離は地球 50 周分の 200 万キロに及んだ。

海外で遭遇したトラブルの解決経験は数知れず、アフリカで少年兵に銃を突きつけられ、米国では車上荒らしに荷物を丸ごと盗まれ、中国出張時には同行者がパスポートを紛失するなど。近年では慣れているはずのミラノの地下鉄で少女グループのスリに取り囲まれ、無事脱出したと思ったら財布は無事だったが小銭入れをすられて呆然。本書はそうした経験もふまえ執筆。

1998 年にはアフリカ最高峰のキリマンジャロ ( 標高 5995 メートル ) に登頂、世界各地の鉄道に乗るのが楽しみ。2015 年 3 月にはイタリア文化会館で講演を行い、満員盛況となった。2017 年に英語の、2024 年にはイタリア語の全国通訳案内士の国家資格を取得し、来日観光客に対して日本の魅力の発信をしているほか、年に数回各地の大学で若者たちにキャリア教育の講義を行うなど、自身の経験から得た知識・知恵の継承につとめている。

◆ STAFF
デザイン・DTP／ねころのーむ　似顔絵／かねこみほ

## ガイドブックには載らない イタリア㊙旅行術 新装改訂版
### 知っていると10倍楽しめる達人の知恵60

2025 年 3 月 5 日　第 1 版・第 1 刷発行

著　者　三浦 陽一（みうら よういち）
発行者　株式会社メイツユニバーサルコンテンツ
　　　　代表者　大羽 孝志
　　　　〒102-0093 東京都千代田区平河町一丁目1-8
印　刷　株式会社厚徳社

◎「メイツ出版」は当社の商標です。

ご意見ご感想はホームページから承っております。
メイツ出版ホームページアドレス　https://www.mates-publishing.co.jp/

企画担当:折居かおる／清岡香奈

※本書は 2019 年発行の 『ガイドブックには載らない イタリア㊙旅行術 知っていると 10 倍楽しめる達人の知恵 60 改訂版』 の内容の確認と情報更新、必要な箇所の修正を行い、装丁を変更して発行したものです。